POLÍTICA E PAIXÃO

POLÍTICA E PAIXÃO
Rumo a um liberalismo mais igualitário
Michael Walzer

Tradução
PATRÍCIA DE FREITAS RIBEIRO

Revisão da tradução
FERNANDO SANTOS

SÃO PAULO 2008

Esta obra foi publicada originalmente em inglês com o título
POLITICS AND PASSION – Toward a more igualitarian liberalism
por Yale University Press.
Copyright © 2004 by Michael Walzer.
Copyright © 2008, Livraria Martins Fontes Editora Ltda.,
São Paulo, para a presente edição.

1ª edição 2008

Tradução
PATRÍCIA DE FREITAS RIBEIRO

Revisão da tradução
Fernando Santos
Acompanhamento editorial
Luzia Aparecida dos Santos
Revisões gráficas
Ana Maria de O. M. Barbosa
Renato da Rocha Carlos
Produção gráfica
Geraldo Alves
Paginação/Fotolitos
Studio 3 Desenvolvimento Editorial

Dados Internacionais de Catalogação na Publicação (CIP)
(Câmara Brasileira do Livro, SP, Brasil)

Walzer, Michael
  Política e paixão : rumo a um liberalismo mais igualitário / Michael Walzer ; tradução Patrícia de Freitas Ribeiro ; revisão de tradução Fernando Santos. – São Paulo : WMF Martins Fontes, 2008.

Título original: Politics and passion.
Bibliografia.
ISBN 978-85-7827-040-7

1. Igualdade 2. Liberalismo 3. Política – História I. Título.

08-04916   CDD-320.513

Índices para catálogo sistemático:
1. Liberalismo : História política   320.513

Todos os direitos desta edição reservados à
Livraria Martins Fontes Editora Ltda.
Rua Conselheiro Ramalho, 330 01325-000 São Paulo SP Brasil
Tel. (11) 3241.3677 Fax (11) 3101.1042
e-mail: info@wmfmartinsfontes.com.br http://www.wmfmartinsfontes.com.br

Este livro é para Joe, Stefan e Jules

ÍNDICE

INTRODUÇÃO: Liberalismo e desigualdade............ *IX*

CAPÍTULO UM: Associação involuntária................ *3*
CAPÍTULO DOIS: O coletivismo da impotência..... *33*
CAPÍTULO TRÊS: Os direitos culturais................... *65*
CAPÍTULO QUATRO: A sociedade civil e o Estado . *95*
CAPÍTULO CINCO: Deliberação... e o que mais?.... *131*
CAPÍTULO SEIS: Política e paixão......................... *161*
CONCLUSÃO: Igualdade global............................ *191*
APÊNDICE: A crítica comunitarista do liberalismo.. *205*

AGRADECIMENTOS.. *239*
ÍNDICE REMISSIVO *241*

INTRODUÇÃO

Liberalismo e desigualdade

Embora aquela palavra que começa com *L* – o liberalismo* – tenha sido, por algum tempo, veneno puro na política americana, há muito se tornou o antídoto universal da teoria política nos Estados Unidos. A democracia liberal é o governo da maioria sem seus perigos – com as minorias resguardadas e os direitos humanos, garantidos. A religião liberal é uma fé livre de dogma – e uma igreja que reconhece a legitimidade de outras igrejas. O nacionalismo liberal é o próprio oposto de uma ideologia provinciana ou chauvinista. A revolução liberal é puro veludo; nunca termina num reinado de terror. O termo autoritarismo liberal designa um regime não-democrático que abre certo

---

* Optamos, na maioria das vezes, pela tradução literal de *liberalism* e *liberal*; em duas ou três ocasiões, quando o texto parecia exigi-lo, traduzimos *liberal* por "progressista", à falta de equivalente mais exato. (N. do E.)

espaço para a discordância política e a liberdade individual (e que provavelmente tem o apoio do governo americano). A esquerda liberal abriu mão das certezas ideológicas da ortodoxia marxista. A direita liberal está pronta, finalmente, para tolerar a esquerda liberal.

O liberalismo em si é mais que a soma de todos esses antídotos. Embora muitos de seus críticos o considerem insuficientemente nutritivo, eles estão errados. A política liberal tem uma história complexa e conflituosa que resultou por fim numa doutrina sólida e convincente. Não obstante, algumas características muito importantes da vida humana ficam de fora dessa doutrina; ela precisa tornar-se mais complexa e mais inclusiva.

Há alguns anos, escrevi um ensaio intitulado "A crítica comunitarista do liberalismo", no qual defendi a idéia de que o comunitarismo deve ser compreendido como um corretivo da teoria e da prática liberais (mais do que como uma doutrina autônoma ou um programa político substantivo)[1]. Minha intenção original neste livro era dar corpo àquela "correção" e propor algumas das maneiras pelas quais o liberalismo poderia abranger melhor um entendimento da política, da sociologia e da psicologia social. Isso ainda representa uma parte significativa de meu projeto e norteou a escolha do tema com relação aos seis capítulos deste livro. Nos quatro capítulos iniciais, quero examinar de perto o que me parece ser um fato central de nossa vida associativa: em boa parte, ela não é a obra daquele herói liberal, do indivíduo autônomo que es-

---

1. Ver minha "Communitarian Critique of Liberalism", *Political Theory* 18, n.º 1 (fevereiro de 1990): 6-23, reimpressa, sem revisões, como um apêndice deste livro.

colhe suas filiações e se move livremente de um grupo a outro na sociedade civil. Em vez disso, a maioria de nós nasceu ou descobriu-se no que bem poderiam ser os grupos mais importantes aos quais pertencemos – as comunidades culturais e religiosas, nacionais e lingüísticas nas quais cultivamos não apenas nossa identidade, mas também nosso caráter, e cujos valores transmitimos a nossos filhos (sem consultá-los).

Nossa filiação a essas comunidades provavelmente também irá determinar, ou pelo menos influenciar fortemente, a posição que ocupamos na hierarquia social e nossa localização central ou marginal no espaço social. Há espaço para se mover nas sociedades liberais, mais espaço, talvez, do que em qualquer outra formação social; ainda assim, o espaço é mais limitado, nossos movimentos são mais previsíveis e as dificuldades que encontramos são mais comuns para nós e nossos companheiros do que os teóricos liberais estão dispostos a admitir. No capítulo 5, defenderei, nessa mesma linha, a idéia de que as deliberações de indivíduos autônomos compõem apenas uma pequena parte da história da política democrática. Sugerirei, em seguida, que o conflito social, que tem sido negligenciado pelos teóricos liberais nos últimos anos, representa a porção maior da história; e farei um balanço (ou pelo menos uma lista) das atividades que ele requer. No capítulo 6, discorrerei sobre o papel da paixão em nossa vida política e sobre minha preocupação quanto ao fato de que a razoabilidade liberal, com a qual continuo comprometido, não nos ajuda a entender a importância desse papel nem a modelar e restringir os diferentes modos pelos quais é desempenhado.

Esse é, ou era, meu plano. Porém, enquanto escrevia o livro, descobri-me cada vez mais absorto em um outro conjunto de problemas, os quais têm mais a ver com a socialdemocracia que com o comunitarismo. Concentrando-me nas exclusões da teoria liberal – a associação involuntária, a impotência coletiva, os problemas apresentados pela marginalidade cultural, as hierarquias da sociedade civil, a política do conflito social e a força do engajamento apaixonado –, compreendi que seu efeito mais importante é o de tornar o esforço contra a desigualdade mais difícil do que deveria ser. Portanto, quero sustentar que, em relação a essa luta, o liberalismo, em suas versões convencionais contemporâneas, é uma teoria insuficiente e uma prática política defeituosa. É insuficiente, antes de mais nada, porque a desigualdade mora dentro das – e entre as – associações involuntárias cuja importância é insuficientemente reconhecida na teoria liberal; além disso, essas mesmas associações são as principais protagonistas da política multicultural, que é uma das formas (embora contestável e contestada) do igualitarismo contemporâneo. O liberalismo convencional é insuficiente também porque os teóricos liberais, embora tenham questionando às vezes os aspectos mais problemáticos do multiculturalismo e da sociedade civil em geral, apenas recentemente começaram a ocupar-se criativamente deles[2]. E é insuficiente porque, nas discussões cuidadosas que a teoria liberal favorece sob o nome de "deliberação", os participan-

---

2. Ver, por exemplo, Nancy L. Rosenblum, *Membership and Morals: The Personal Use of Pluralism in America* (Princeton: Princeton University Press, 1998); Jeff Spinner-Halev, *Surviving Diversity: Religion and Democratic Citizenship* (Baltimore: Johns Hopkins University Press, 2000); Jacob T. Levy, *The Multiculturalism of Fear* (Oxford: Oxford University Press, 2000) e Amy Gutmann, *Identity in Democracy* (Princeton: Princeton University Press, 2003).

tes raramente abordam com sucesso a experiência concreta da desigualdade ou a luta contra ela, mesmo quando chegam a conclusões igualitárias. Finalmente, o liberalismo é insuficiente porque as estruturas sociais e as ordens políticas que sustentam a desigualdade não podem ser ativamente combatidas sem uma intensidade apaixonada que os liberais, com bons motivos, não querem reconhecer ou assimilar. A assimilação é particularmente difícil quando a paixão é, como ocorre com freqüência, produto de nossas ligações e dependências.

A correção comunitarista, que era meu primeiro objetivo, pode servir para produzir um liberalismo que, embora não seja mais igualitário que o liberalismo convencional, esteja mais ao alcance da apropriação e utilização igualitárias. Essa versão corrigida é mais engajada politicamente, mais informada sociologicamente e mais aberta psicologicamente – e estas são características necessárias, ou assim as considero, de qualquer doutrina capaz de abranger, explicar e embasar a mobilização democrática e a solidariedade. Parto do pressuposto – que não defenderei aqui – de que precisamos de uma doutrina desse tipo, e que é melhor que seja uma doutrina liberal. A justificativa para uma política igualitária ou anti-hierárquica, em última instância, é a diferença que ela causa na vida diária dos homens e mulheres individualmente.

Essa justificativa última não é, contudo, uma diretriz suficiente para a ação política. Pois as desigualdades que precisam ser superadas ou controladas não são apenas desigualdades individuais. Elas impactam de maneira diferente os diferentes grupos. Dividem a sociedade não apenas entre ricos e pobres, mas também entre negros e brancos, anglo-saxônicos e hispânicos, franceses e árabes, alemães e turcos, hindus e muçulmanos. E as diferenças entre grupos têm efeito sobre a política. A velha idéia da velha esquerda – de que, uma vez abolida a hierarquia de classes pela revolução, não haveria mais desigualdade – parece estar errada. Nunca foi posta à prova, é claro, mas uma razão para isso é o fracasso da classe política em desafiar as mais profundas desigualdades das sociedades contemporâneas.

O multiculturalismo é um esforço para lidar com essas dificuldades. Às vezes, é calculista e realista; às vezes, um pouco enlouquecido. Em nenhum caso, porém, pode ser culpado pelas falhas que o tornam necessário. Alguns teóricos da velha esquerda defendem a idéia de que qualquer tipo de política culturalista abala a solidariedade que torna possível o Estado de Bem-estar, solapa a unidade da classe trabalhadora, substitui os valores universais pela paixão chauvinista e tolera ou até mesmo fomenta a opressão interna das culturas tradicionais. A última dessas acusações é a que mais me preocupa; retornarei a ela várias vezes. As demais, a meu ver, têm pouca fundamentação empírica[3]. De qualquer forma, pretendo defender uma versão teimosa e até mesmo materialista de política multicultural – um "multiculturalismo feijão-com-arroz" – e tentarei demonstrar como essa política pode servir tanto à causa do liberalismo quanto à da igualdade.

Meus seis capítulos tratam da sociedade nacional – principalmente, embora não só, a dos Estados Unidos. Na conclusão, pretendo afirmar que um liberalis-

---

3. Para uma cuidadosa refutação da primeira dessas acusações, ver Keith Banting e Will Kymlicka, "Are Multiculturalist Policies Bad for the Welfare State?" *Dissent* (outono de 2003): 59-66.

mo pluralista e socialdemocrata também tem algo a dizer sobre as desigualdades da sociedade internacional. A terrível pobreza de tantas pessoas, principalmente no Terceiro Mundo, não pode ser tratada sem cuidar dos grupos aos quais elas pertencem. Não há dúvida de que as pessoas pobres são indivíduos, e precisam ser tratadas como tais; mas também são membros, e, se sua afiliação é por vezes antitética à sua individualidade, às vezes ela também é sua parceira necessária. Meu projeto neste livro tem mais adeptos hoje do que quando comecei a escrevê-lo. Estimulados em parte por *Liberalism, Community, and Culture*, de Will Kymlicka, teóricos políticos liberais e também alguns juristas têm demonstrado um interesse cada vez maior pelos tipos de grupo de que me ocupo aqui. Estimulados em parte por críticas feministas como Susan Moller Okin, começaram a lidar com o problema da desigualdade no interior desses grupos[4]. De fato, as desigualdades sexuais são, neste momento, tema de intenso debate em todas as sociedades liberais.

Um tanto da recente atenção dispensada à afiliação e suas complicações, especialmente no campo da literatura jurídica, é concreta e detalhada, em formas que admiro mas não consigo imitar[5]. Boa parte do debate

---

4. Will Kymlicka, *Liberalism, Community, and Culture* (Oxford: Oxford University Press, 1989); Susan Moller Okin (com entrevistados), *Is Multiculturalism Bad for Women?* (org.), Joshua Cohen, Matthew Howard e Martha Nussbaum (Princeton: Princeton University Press, 1999).

5. Ver, por exemplo, Andrew Koppelman, *Antidiscrimination Law and Social Equality* (New Haven: Yale University Press, 1996); e Ayelet Shachar, *Multicultural Jurisdictions: Cultural Differences and Women's Rights* (Cambridge: Cambridge University Press, 2001).

político norte-americano acontece nos tribunais – nem sempre o lugar adequado, a meu ver, mas é aí que, na prática, os detalhes concretos da afiliação e da igualdade são tratados com mais freqüência. Neste livro, só esporadicamente tratarei dos detalhes concretos. Espero, antes, chamar a atenção, de modo provocante, para a imensa gama de questões suscitadas pelas deficiências do que chamo de liberalismo convencional. Aquilo e aqueles que foram deixados de fora da versão convencional ainda têm importância e ainda fazem diferença no modo como pensamos sobre política e sociedade.

POLÍTICA E PAIXÃO

CAPÍTULO UM

Associação involuntária

As pessoas que conheço estão constantemente formando associações e valorizam imensamente a liberdade de se associar como quiserem, com todo tipo de gente e com todo tipo de propósito. Elas estão certas, é claro: a liberdade de associação é um valor essencial, um requisito fundamental da sociedade liberal e da política democrática. Mas é um erro generalizar esse valor e tentar criar, na teoria ou na prática, um mundo no qual todas as associações sejam voluntárias, uma união social composta apenas de uniões sociais livremente constituídas. A imagem ideal dos indivíduos autônomos que escolhem seus vínculos (ou dissociações) sem restrições de nenhuma espécie é um exemplo de utopismo ruim. Além de nunca ter sido aceita pelos sociólogos, essa imagem também deveria despertar ceticismo entre os teóricos da política e os filósofos morais. Nenhuma sociedade humana poderia sobreviver sem relações de tipo muito diferente.

Mas como relações de tipo diferente podem ser justificadas perante homens e mulheres que se dizem livres? Acaso a liberdade não requer o rompimento de todos aqueles vínculos que não escolhemos no passado e não escolheríamos agora para nós mesmos? Será que as associações involuntárias, os sentimentos que elas geram e os valores que inculcam não representam uma ameaça à própria noção de sociedade liberal? Certas associações específicas podem de fato ser uma ameaça, não por serem involuntárias, mas por serem xenófobas, hierárquicas ou totalitárias. O que a liberdade exige não é o voluntarismo puro, mas a possibilidade de oposição e fuga[1]. Possibilidade: embora a oposição seja em geral uma coisa boa, a fuga nem sempre ou necessariamente o é. O desligamento das associações involuntárias nem sempre deve ser facilitado. Muitas afiliações valiosas não são feitas livremente; muitas obrigações vinculativas não resultam inteiramente do consentimento; muitos sentimentos fortes e idéias úteis entram em nossa vida à nossa revelia.

Podemos pensar em nossas vidas e nas diversas vidas coletivas nas quais elas estão embutidas como "construções sociais" que nós, na qualidade de indivíduos, ajudamos a criar; não é plausível pensar que elas foram feitas inteiramente por nós. Juntamo-nos a certos grupos, formamos certas associações, organi-

---

1. Na primeira encarnação deste ensaio, escrevi apenas sobre a fuga. A insuficiência disso foi demonstrada de maneira convincente por Susan Moller Okin em seu ensaio "Mistresses of Their Own Destiny: Group Rights, Gender and Realistic Rights of Exit", *Ethics* 112, n? 2 (janeiro de 2002): 205-30. A política igualitária exige ao menos a possibilidade de oposição interna.

zamos e somos organizados dentro de um conjunto complexo de restrições. Estas se apresentam sob muitas formas diferentes, algumas das quais são valiosas e legítimas. Recordemos as famosas linhas de Rousseau no primeiro capítulo de *Le Contrat Social*: "O homem nasceu livre e por toda parte ele está agrilhoado... Como se deu essa mudança? Ignoro-o. O que pode legitimá-la? Creio poder resolver esta questão."[2] Mas a introdução está errada; nós não nascemos livres.

E, porque não nascemos livres, não nascemos iguais. Talvez isto seja mais evidente. A associação involuntária é a causa mais imediata da desigualdade, pois consigna cada pessoa a um lugar ou a um conjunto de lugares específicos no sistema social. Se pensarmos nas hierarquias de propriedade e de *status* como as estruturas básicas de uma sociedade desigual, então a associação involuntária é o modo pelo qual homens e mulheres são aprisionados em suas posições e ordens. A autonomia liberal sempre prometeu romper esses grilhões, permitindo aos indivíduos escolher os lugares que desejam ou ao menos aspirar a ocupá-los – e, assim, criar uma sociedade de homens e mulheres livres e móveis que também sejam (quase) iguais. Trata-se de uma promessa falsa, ou melhor, absurdamente exagerada. Só conseguiremos desafiar a hierarquia social se reconhecermos e trabalharmos a partir das realidades da associação involuntária. Negá-la é tolice; aboli-la, impossível. A associação involun-

---

2. Jean-Jacques Rousseau, *O contrato social*, São Paulo, Martins Fontes, 4ª ed., 2006. "*Man is born free; and everywhere he is in chains... How did this change come about? I do not know. What can make it legitimate? That question I think I can answer.*" Jean-Jacques Rousseau, *The Social Contract*, trad. para o inglês de G. D. H. Cole (Nova York: E. P. Dutton, Everyman's Library, 1950), livro I, cap. 1, pp. 3-4.

tária é um traço permanente da existência social, e as pessoas que lutam pela igualdade, bem como as que se esforçam para ser livres, são inevitavelmente produtos desse tipo de associação.

Há quatro tipos de restrições involuntárias a considerar aqui. Todas elas são estabelecidas muito cedo em nossas vidas; elas nos fazem tender em direção a associações de uma determinada espécie e até mesmo nos forçam a participar delas. Também limitam nosso direito de deixá-las e a capacidade para tanto, embora numa sociedade liberal nem uma nem a outra possam ser completamente eliminadas. Os sociólogos escreveram sobre as duas primeiras restrições; os teóricos da política e os filósofos morais, sobre as duas últimas. Penso ser útil, porém, considerá-las como itens de uma única lista.

A primeira restrição é familiar e social. Nascemos membros de uma família, de uma nação ou país e de uma classe social; e nascemos homem ou mulher. Esses quatro atributos determinam em grande medida as pessoas com quem nos associamos pelo resto da vida (mesmo quando detestamos nossos parentes, achamos o patriotismo sentimental e nunca alcançamos a consciência de classe ou de sexo). A maioria das pessoas também é admitida, desde cedo, em uma ou outra associação religiosa, talvez através do batismo ou da circuncisão na primeira infância, da crisma ou do *bar mitzvah* na adolescência. Trata-se de adesões concretas e involuntárias que acarretam direitos e responsabilidades – como certamente será dito à criança. Mas a orientação dos pais – como a socialização religiosa e política fora do lar ou as experiências cotidianas de classe social e sexo – também tem uma influência indireta, na medida em que cria condições de fundo que favoreçam determinadas associações adultas em vez de outras. Muito se escreveu nos últimos anos sobre o fracasso da família, mas na verdade a maioria dos pais tem a admirável capacidade de produzir filhos muito parecidos consigo. Às vezes, infelizmente, esse é o sinal de seu fracasso – como acontece quando pais pobres são incapazes de impulsionar seus filhos para a classe média. Mas a maioria dos pais quer uma prole que não vá parar muito longe e que ainda possa reconhecer como sua, e na maioria das vezes os filhos saem assim. Com uma pequena ajuda dos amigos, é claro.

Os jovens têm a possibilidade de emancipar-se, romper com os laços familiares e as circunstâncias sociais, viver fora das convenções de uma sociedade baseada em distinções de sexo, mas somente a um preço que a maioria deles não quer pagar. É por isso que as relações dos pais são, de longe, os melhores indicadores das relações futuras dos filhos, conforme os cientistas políticos descobriram há muito tempo no que se refere à fidelidade partidária e ao comportamento eleitoral. Por exemplo, apesar do valor atribuído à "independência" na cultura política americana, os filhos estão quase sempre prontos a seguir o exemplo dos pais; assim como os filhos democratas ou republicanos provavelmente têm pais democratas ou republicanos, também os filhos independentes provavelmente têm pais independentes[3]. As escolhas religiosas também são, na maior parte das vezes, indicadas pela afiliação dos pais. Os rituais precoces de adesão

---

3. Ver Campbell et al., *The American Voter* (Nova York: Wiley, 1960), pp. 147-8.

são notavelmente eficazes; a afiliação religiosa é, tipicamente, uma herança. Práticas protestantes, tais como o batismo adulto e o renascimento evangélico, pretendem romper esse padrão, e efetivamente o fazem até certo ponto; no decorrer da história, esse movimento foi útil para a prática da associação voluntária[4]. Ainda assim, seria interessante saber que porcentagem de cristãos renascidos é não só cria carnal, mas também cria espiritual de seus pais: nascidos para nascer de novo.

A maioria das pessoas afilia-se a associações que não desafiam, mas confirmam sua identidade; e essa identidade é, em geral, dada pelos pais e pelos amigos dos pais. Como dissemos, os indivíduos podem libertar-se, comprometendo-se com o difícil processo de autoformação, como o Abraão bíblico, que (de acordo com a lenda pós-bíblica) quebrou os ídolos de seu pai, ou como o peregrino de John Bunyan (em *O peregrino*, o texto clássico do protestantismo inglês), que fugiu da esposa e dos filhos em busca de sua própria salvação, tampando os ouvidos com as mãos para não lhes ouvir os gritos. A mudança social é inimaginável sem pessoas que rompam amarras; mas, se todos fossem assim, a própria sociedade seria inconcebível. Tampouco Abraão encorajou uma rebeldia semelhante por parte de Isaac, seu filho amado. Isaac, ao contrário de seu pai, nasceu membro do partido de Jeová; talvez fosse menos admirável por isso, mas era infinitamente mais confiável. E Bunyan foi obrigado pelos leitores a levar a esposa e os filhos

---

4. Útil, também, para a política democrática: essa é a tese de A. D. Lindsay em *The Modern Democratic State* (Londres: Oxford University Press, 1943), cap. 3.

do peregrino com ele (numa seqüência a *O peregrino*), no que já havia se tornado uma jornada estereotipada, para juntar-se à comunidade dos santos[5].

O único rompimento com o mundo paterno que a maioria dos pais tende a encorajar, ao menos nas sociedades modernas, é o movimento ascendente na hierarquia estabelecida. Ainda assim, a maioria dos filhos é apenas moderadamente móvel (para cima ou para baixo); a posição de classe, como a fidelidade política e religiosa, tende a perdurar através das gerações – mesmo quando os meios de comunicação de massa rompem a transmissão da cultura de classe. Isso acontece, em parte, devido à existência contínua de obstáculos externos à mobilidade social, obstáculos que talvez possamos ter a esperança de abolir em prol da igualdade de oportunidades. Embora as estruturas de subordinação comumente se reproduzam, elas podem, às vezes, ser desafiadas e transformadas. Mas também existem obstáculos internos à mobilidade social, que têm a ver com a relutância dos filhos em abrir mão das solidariedades de classe e vizinhança. Daí a tendência dos filhos de encenar sua vida associativa dentro de um mundo social que já é o seu.

Embora a criação de associações ou a filiação a elas com esse tipo de plano de fundo ainda possa ser definida como algo voluntário, é preciso reconhecer a quanto essa descrição é parcial e incompleta. Parecerá ainda mais incompleta após refletirmos sobre o próximo item de minha lista.

---

5. A respeito de Abraão, ver Louis Ginzberg, *The Legends of the Jews*, trad. para o inglês de Henrietta Szold (Filadélfia: Jewish Publication Society, 1961), I: 213-4. Quanto ao Cristiano de Bunyan, ver *The Pilgrim's Progress* (Nova York: New American Library, 1964), p. 19 ("The Second Part", que tem início na p. 151, é a continuação).

A segunda restrição à associação voluntária é a determinação cultural das formas associativas disponíveis. Os associados podem escolher um ao outro, mas quase nunca poderão opinar sobre a estrutura e o estilo de sua associação. O casamento é o exemplo óbvio: a parceria pode ser um verdadeiro encontro de almas afins, mas seu significado não é determinado pelas almas que se encontram. O casamento é uma prática cultural; seu significado e as responsabilidades que acarreta são aceitos pelos parceiros assim que se reconhecem mutuamente como marido e mulher. Os acordos e contratos pré-nupciais afetam apenas os detalhes de seu arranjo. De maneira semelhante, homens e mulheres podem criar um clube, liga, sindicato ou partido; podem reunir-se livremente e escrever seus próprios estatutos. É provável, porém, que sua associação seja extraordinariamente semelhante às associações de seus concidadãos da mesma rua ou do outro lado da cidade, e os estatutos costumam ser escritos de forma padronizada[6].

Os indivíduos criativos realmente conseguem elaborar novas formas associativas em períodos de crise cultural e transformação, em geral após vários arranques infrutíferos e tentativas malsucedidas. As desigualdades estruturais das antigas formas podem ser, e freqüentemente são, criticadas e transformadas desde dentro. Mas superá-las leva muito tempo, e é improvável que a visão crítica a guiar esse esforço se concretize plenamente mesmo ao fim desse tempo. A mudança também pode caminhar na outra direção: rumo

---

6. Consideremos o notável *Robert's Rule of Order*, freqüentemente invocado nos debates internos das associações mais radicais, as quais, de resto, têm um compromisso de fidelidade com o que é novo.

a versões mais rígidas e ortodoxas do *status quo* cultural. A norma, não obstante, é a continuidade – a imitação e a reiteração –, interrompida periodicamente por tentativas reformistas de devolver as diversas associações a seus princípios originais. Os próprios princípios são objeto de fidelidade antes mesmo de ser objeto de escolha[7].

De maneira semelhante, a competência associativa é admirada e imitada, mais que livremente escolhida. É raro que alguém se decida a aprender as habilidades sociais e políticas que tornam a associação possível. Assim como os estatutos e os princípios, a habilidade é um dom cultural – o que significa que alguns subgrupos de pais e pessoas mais velhas a transmitem às novas gerações, muitas vezes inadvertidamente. Minha primeira associação foi um grupo de crianças de oito anos, os Quatro Amigos para Sempre, que durou cerca de dez meses e me deixou mais preparado para a próxima. Numa cultura que valoriza a associação e a competência que a torna possível, na maioria das vezes a ruptura é mais um estímulo que uma desilusão.

Existe, portanto, uma previsibilidade radical em nossa vida associativa. Reunimo-nos com uma finalidade, descobrimos um interesse comum, concordamos mais ou menos quanto a uma linha de discussão e formamos uma organização. Nossa organização é muito parecida com todas as outras, *e é assim que sabemos o que estamos fazendo*. É por isso que nossa conquista se inscreve junto aos grupos que já existem, os quais rapidamente percebem se somos con-

---

7. Também antes de ser objeto de reflexão: a história de Abraão foi contada pela primeira vez muito tempo após o estabelecimento do povo da aliança que ela pretende explicar e legitimar. John Bunyan escreveu após um século de experiência com a "congregação reunida".

correntes ou aliados em potencial, ou nenhum dos dois – nossa união sendo um objeto de indiferença. Despertamos expectativas convencionais, e são elas o nosso passaporte para a sociedade civil. Se, ao contrário, encontramo-nos secretamente, usamos máscaras, comunicamo-nos por código, não expressamos nenhum objetivo público e temos um comportamento fora do padrão, despertamos inquietação e suspeita. Talvez não sejamos associação alguma, e sim uma cabala, uma conspiração ou algo pior.

Mesmo as práticas associativas radicalmente novas tendem a imitar as velhas formas – o modo como as uniões homossexuais imitam a família nuclear moderna e almejam o mesmo reconhecimento legal. Descobre-se que o modelo estabelecido é altamente utilizável, desde que uma de suas restrições convencionalmente associadas ao sexo seja deixada de lado – mas como pode ser difícil deixá-la de lado! De maneira um pouco semelhante, movimentos sociais antiparlamentares desviam em direção a uma organização de estilo partidário; seitas religiosas tornam-se igrejas, alegando o tempo todo ser igrejas diferentes (o que às vezes é verdade).

Imaginemos que as pessoas se agrupassem de maneiras completamente diferentes e infinitamente singulares, em associações de formato livre, sem que ninguém emitisse sinais reconhecíveis: o mundo social seria insuportável – com uma intranqüilidade constante e uma desconfiança sem fim. Imaginemos que cada casamento fosse planejado numa liberdade sem lei pelos dois parceiros, sem um modelo convencional em relação à cerimônia que os unisse (isso é bem comum nos Estados Unidos hoje), a seu compromisso mútuo, ao sistema de vida proposto ou a suas obrigações para com os sogros e os filhos. Os parceiros bem poderiam ser livres ou iguais, mas dificilmente seriam "casados". O sentido do casamento se perderia. Teríamos de inventar uma outra prática para estabilizar as expectativas sociais e as responsabilidades individuais. A liberdade de escolha só pode funcionar dentro dos limites dados pela cultura.

A terceira restrição à associação voluntária é política. O nascimento e o domicílio nos fazem membros de uma comunidade política. A afiliação tem diferentes significados em diferentes tempos e lugares, e às vezes, para alguns indivíduos (os colonizadores de um país novo, por exemplo), pode ser objeto de escolha deliberada. Mas não é isso que acontece para a maioria das pessoas. A crítica clássica da teoria liberal do consentimento apóia-se neste fato simples da vida política: nascemos cidadãos (exceto por uma grande falta de sorte) e raramente somos convidados a concordar com nossa cidadania. A resposta clássica a essa crítica é postular algum tipo de consentimento tácito – como fiz quando escrevi sobre a cidadania e a obrigação há mais de vinte e cinco anos[8]. Há boas razões para essa resposta, mas ela não toca o ponto que nos interessa aqui: o fato de que a comunidade política, num sentido importante, é uma *union shop**. Quem faz parte da comunidade e

---
8. Ver, de minha autoria, *Obligations: Essays on Disobedience, War, and Citizenship* (Cambridge, Mass.: Harvard University Press, 1970), em especial o quinto ensaio. Ver também A. John Simmons, *Moral Principles and Political Obligation* (Princeton: Princeton University Press, 1979).

* Empresa que contrata trabalhadores não-sindicalizados sob a condição de que se filiem ao sindicato dentro de um certo prazo. *Closed shops* são estabelecimentos que contratam apenas trabalhadores sindicalizados. (N. da T.)

nela permanece está preso a uma série de acordos em cujo projeto não teve nenhuma participação. As verdadeiras *union shops* operam da mesma forma e me parecem igualmente justificáveis[9]. A autogestão, assuma ela a forma de democracia política ou industrial, só é possível se todos os residentes/trabalhadores também são cidadãos. Eles podem decidir votar ou não, aderir a este ou àquele partido ou movimento, formar um grupo decisório ou uma facção de oposição ou evitar completamente a atividade política. Mas se lhes é negado o direito de fazer essas coisas, ou se eles o negam a si próprios, a democracia é substituída pelo governo de uns poucos sobre o de muitos. Pode ser que as coisas aconteçam assim em boa parte do tempo, mas a possibilidade de ativismo por parte dos cidadãos – militância associativa, mobilização de massa, insurreição radical, derrota eleitoral – pelo menos impõe alguns limites aos governantes, e os cidadãos podem manter viva essa possibilidade sem precisar fazer nada (embora, às vezes, certamente tenham de fazer algo). De toda forma, há algo que não podem fazer: não podem viver ou trabalhar num certo lugar e recusar os direitos de cidadania – nem tampouco as obrigações, como os impostos e as contribuições sindicais[10].

---

9. Ao menos, são justificáveis quando sujeitas às condições democráticas, como as contidas na Lei Wagner: essencialmente, que a *closed shop* seja objeto de um acordo da maioria dos trabalhadores, livres de coerção. Ver Irving Bernstein, *A History of the American Worker, 1933- 1941: Turbulent Years* (Boston: Houghton Mifflin, 1970), pp. 327-8. Para uma defesa teórica da *union shop*, ver Stuart White, "Trade Unionism in a Liberal State", em Amy Gutmann (org.), *Freedom of Association* (Princeton: Princeton University Press, 1998), cap. 12.

10. Cabe aqui uma observação: em muitas comunidades políticas, é possível ser um estrangeiro com residência permanente, mas

A filiação compulsória ao Estado ou aos sindicatos de trabalhadores abre caminho para novos tipos de escolhas e decisões, inclusive a decisão de tornar-se um cidadão engajado ou um ativista sindical. A filiação não é um pré-requisito do ativismo, uma vez que não-cidadãos e trabalhadores sem sindicato podem se associar, o que tem sido feito com freqüência, para exigir a concessão de direitos políticos ou o reconhecimento sindical. É importante notar, porém, que os militantes não vencem essa batalha se a vencem apenas para si próprios. A vitória atrai os companheiros passivos e lhes fornece novas oportunidades e responsabilidades. Eles agora podem ser voluntários, se assim o decidirem, em atividades e organizações mais eficientes, no âmbito local, do que qualquer coisa que antes tivessem a seu dispor. Só agora é possível uma política democrática abrangente, graças à associação compulsória de todos os trabalhadores/cidadãos.

A quarta restrição à associação é moral, o que algumas pessoas interpretam como algo que não constrange em absoluto. Os transgressores estão sujeitos apenas a advertências e censuras. A não ser que a moral seja uma característica da socialização, escrita no código cultural ou legalmente imposta pelos representantes do Estado, pode parecer não ter efeito prático algum. Mas isso é falso. A moral está, de fato, contida no processo de socialização, no código cultural e

---

essa também é uma condição definida, com direitos e obrigações. É concebível, como afirmei anteriormente, que as pessoas tenham o direito de escolher a residência permanente ou a cidadania, mas elas não podem escolher os direitos e as obrigações concomitantes; ver meu ensaio "Political Alienation and Military Service", em Walzer, *Obligations*, cap. 5.

na ordem jurídica –, mas também é vivenciada como algo à parte de todos os três. É uma restrição com a qual os indivíduos se confrontam não apenas como produtos da sociedade, da cultura e da política, mas também como indivíduos que tentam fazer a coisa certa. Eles ouvem uma voz interna que os reprime, dizendo-lhes que devem fazer uma determinada coisa que (até então) não decidiram fazer e que prefeririam não fazer. E, o que é mais importante para esta discussão, a voz lhes diz (eles dizem a si próprios) que devem tornar-se membros de uma determinada associação, ou participar desta ou daquela luta social ou política – ou que devem desligar-se ou afastar-se das mesmas.

Os constrangimentos morais freqüentemente compelem à saída das associações – e, o que é mais interessante, à saída das associações involuntárias. O exemplo clássico é a opinião de Rousseau sobre o direito de emigrar. Os cidadãos, afirma, podem partir a qualquer momento, exceto quando a República está em perigo. Em tempos difíceis, são obrigados a ficar e ajudar seus concidadãos (o mesmo argumento provavelmente se aplica aos membros das classes sociais subordinadas, bem como às minorias raciais e religiosas, mas por ora vou me ater ao exemplo político)[11]. Esse laço não deriva de sua participação política prévia. Mesmo que tenham sido cidadãos pouco entusiastas e até negligentes, do tipo que nunca se apressa em participar de assembléias públicas e jamais vota, ainda assim estão obrigados a ficar. A declaração de Rousseau é absoluta. É também inteiramente plausível.

---

11. Rousseau, *Social Contract*, livro III, cap. 18. Cf. "The Obligations of Oppressed Minorities", em Walzer, *Obligations*, cap. 3.

Talvez eu tenha me beneficiado de dias melhores da República, do ativismo de meus companheiros, da instrução oferecida pela República, do bom nome de cidadão, ou simplesmente do fato de ter tido um lugar seguro no mundo. Agora não devo ir embora. Com efeito, é provável que eu reconheça a validade da restrição mesmo que me recuse a respeitá-la – nas desculpas que apresento e nas razões urgentes que invento enquanto arrumo as malas. O mero ato de ficar pode não esgotar todas as nossas obrigações num caso desses. Vale citar um exemplo da lei religiosa judaica. Os membros da *kahal*, a comunidade autônoma ou semi-autônoma da Idade Média, tinham a obrigação de protestar contra as transgressões morais ou religiosas. Eram livres para partir, para procurar uma comunidade na qual se sentissem mais à vontade com as práticas locais, mas não até que houvessem protestado em público e tentado mudar as práticas em casa[12]. O mesmo vale, creio, para os cidadãos de um Estado democrático moderno. Se a República está sob ataque externo, podemos muito bem ser obrigados (as discussões não são fáceis neste caso) a nos alistar como soldados e ir à luta para repelir seus inimigos. Se os valores republicanos estão sob ataque em casa, podemos ter de nos filiar a um partido, movimento ou campanha em defesa desses valores.

Esses atos seriam voluntários, no sentido estrito, desde que fôssemos livres para agir de outra forma (ficar também é um ato voluntário, desde que exista a opção de partir). No entanto, quando agimos dessa

---

12. O princípio fundamental da responsabilidade foi estabelecido pela primeira vez no *Talmud* babilônico, tratado *Shabbat*, 54b.

forma, é provável que nos sintamos agindo sob coação. Estamos cumprindo nosso dever. Nossas ações não se enquadram na famosa descrição de Rousseau, de "ser forçado a ser livre". Nem mesmo somos forçados a ser virtuosos. Pode haver uma considerável pressão social para "fazer a coisa certa", mas nos imaginamos agindo conscienciosamente, o que é um modo de agir livre e não-livre ao mesmo tempo. Por quê? Porque não fomos nós que determinamos ou escolhemos a coisa certa que agora somos, em consciência, obrigados a fazer. Tampouco fôramos informados de que nosso consentimento tácito – o fato de residirmos neste lugar, nossa participação no ciclo diário de atividades sociais – poderia ter esta conseqüência radical. Acontece que o convívio com outras pessoas *é* um comprometimento moral. Ele nos amarra de maneiras inesperadas.

Há momentos em que devemos romper esses laços, é claro; quanto a isso, a associação involuntária não difere da associação voluntária. Às vezes, devemos nos afastar de um grupo ao qual tínhamos nos unido há alguns anos, demitir-nos do comitê executivo, separar-nos de nossos companheiros, porque o grupo não serve mais aos propósitos com os quais nos comprometemos ou porque agora serve a propósitos aos quais nos opomos. A situação é bem parecida com os grupos aos quais nunca aderimos e dos quais simplesmente descobrimos ser membros. Mas talvez os dois casos difiram na intensidade com a qual nos apegamos, protestamos e resistimos enquanto ainda fazemos parte do grupo. Sinto-me inclinado a pensar que talvez haja uma obrigação maior no caso involuntário. É assim, por exemplo, que podemos nos sentir obrigados a discutir mais longamente com o pai, a mãe, o filho ou o irmão que esteja fazendo algo terrivelmente errado do que com o cônjuge. Podemos nos divorciar do cônjuge; separarmo-nos dos outros é mais difícil.

Suponhamos que aceitássemos essa explicação da associação involuntária como uma sociologia realista: quais seriam as conseqüências disso para a teoria política ou moral? As pessoas contraem certas obrigações, como acabei de afirmar, mas essas obrigações são apenas fatos morais do mundo estabelecido. E o propósito da autonomia liberal não seria desafiar o que foi estabelecido? Não deveríamos criticar as associações nas quais nos encontramos em conseqüência do nascimento e da socialização, questionando-nos se as teríamos escolhido caso tivéssemos tido a opção de escolher livremente? Não temos de nos perguntar o que agentes racionais e autônomos teriam feito? Essa é uma questão difícil, pois parece evidente que agentes racionais e autônomos não teriam feito a maior parte das coisas que os seres humanos reais têm feito desde o alvorecer da história. Por onde a crítica deveria começar? A maioria dos seres humanos, dada sua educação cultural e política, "escolhe" o que lhe foi dado. É provável que mesmo os rebeldes e revolucionários entre eles se oponham apenas a algumas partes do mundo estabelecido. Para exercer a verdadeira autonomia liberal, devem eles se opor a todas as partes que um grupo imaginário de agentes racionais jamais teria escolhido?

O mundo estabelecido, afinal de contas, é sempre opressivo para pelo menos alguns de seus membros. E como eles e todos os demais reconheceriam a opressão sem compará-la com um padrão ou ideal de liberdade, de autonomia perfeita? A velha discussão sobre a falsa consciência é, na verdade, uma discussão sobre a epistemologia moral da associação involuntária. A tese é que os quatro modos de inserção que mencionei – família, cultura, Estado e relação moral – ajudam a promover a servidão intelectual. Rompemos com essa servidão apenas quando nos emancipamos dessas associações e abrimos nosso próprio caminho. Ou nos imaginamos rompendo com elas e, dessa forma, capacitamo-nos a adotar uma atitude crítica em relação ao que estamos de fato fazendo. Não quero negar o valor de tais especulações, apenas insistir em outros valores também. O mundo da associação involuntária sempre oferece algum espaço para a oposição e a resistência, e também, na maior parte do tempo, nos dá motivos para agir dentro desse espaço em vez de sair totalmente dele. Esses motivos são, entre outros, a fidelidade a determinadas pessoas, o sentimento de estar à vontade com essas pessoas, a riqueza de uma tradição recebida e o anseio pela continuidade das gerações. Os homens e mulheres que decidem agir dentro de uma determinada associação não são, necessariamente, vítimas de falsa consciência – e os críticos de fora devem certificar-se de que eles próprios entendem os motivos da decisão dos outros. Uma sociologia moral informada e realista é a precondição necessária para uma crítica social decente.

Não há muitos exemplos de crítica externa feita por críticos comprometidos com esse tipo de entendimento sociológico. Citarei apenas um, fornecido pela teórica política feminista americana Nancy Hirschmann, que escreveu uma análise finamente matizada sobre a prática do uso do véu na cultura muçulmana, baseada em relatos de mulheres muçulmanas, algumas das quais vivem "dentro", outras, "fora"[13]. Hirschmann explica que o véu pode ser um sinal de afirmação da independência e um símbolo de resistência – embora significasse originalmente, *e ainda signifique*, a subordinação das mulheres que o usam. O uso do véu, bem como as formas históricas do casamento, é uma prática herdada que provavelmente não seria escolhida por mulheres livres que escolhessem a partir do zero. Mas escolher a partir do zero é algo que não existe; não existe começo absoluto. Suponho que a alternativa mais importante para as mulheres muçulmanas no mundo moderno seja o liberalismo ocidental (que eu certamente defenderia se estivesse conversando com elas). Mas pode ser que elas não se reconheçam como liberais ocidentais, e provavelmente existem práticas liberais costumeiras ou convencionais que elas não escolheriam se estivessem partindo do zero. E assim, com freqüência, por um lado elas lutam contra a prática do uso do véu e a subordinação que ele representa, e, por outro, contra o "imperialismo cultural" do Ocidente. Usar o véu, modificá-lo ou usá-lo de vez em quando podem ser todas escolhas significativas nessas lutas, que têm lugar, inevitavelmente, num mundo de significados que as mulheres não escolheram.

Nesse caso, como em muitos outros, a luta contra a desigualdade e a subordinação dentro das associações involuntárias não pode ser vencida pela fuga individual (embora a fuga deva estar sempre disponível para os indivíduos que a buscam). Da mesma forma, a luta contra a desigualdade econômica, religiosa ou

---

13. Nancy J. Hirschmann, "Eastern Veiling, Western Freedom?", *Review of Politics* 59, n.º 3 (verão de 1997): 461-88.

racial na sociedade maior não pode ser vencida pela abolição das classes, das comunidades de fé ou das raças. A visão marxista de uma sociedade sem classes muitas vezes foi generalizada para a raça e a religião. Na verdade, essa provavelmente não é a visão correta nem mesmo em relação à economia. A melhoria coletiva dos salários, das condições de trabalho, da eficiência política e do posicionamento social da classe trabalhadora provavelmente é mais útil para os trabalhadores comuns do que poderia ser o compromisso ideológico com a abolição das classes. É por isso que os ativistas sindicais costumam afirmar que a obrigação de solidariedade entre os membros de classe é mais importante que seus direitos de mobilidade. A mobilidade tende a minar a solidariedade e tornar mais difícil a organização política; mesmo assim, seu apelo é forte. Todavia, ele pode não ser tão forte em outros grupos estabelecidos, de caráter racial ou religioso, e cujos membros parecem mais firmemente comprometidos a lutar pelo reconhecimento e pelo fortalecimento coletivos do que os membros de uma classe.

A maioria dos membros das associações raciais e religiosas não se considera livre para deixá-las; não querem ver seu grupo dissolvido, nem a si próprios assimilados pela sociedade em geral. Esperam manter as tradições que valorizam, mas em circunstâncias melhores, dentro de um contexto mais igualitário, sem sacrificar as tradições em troca da igualdade. Também não querem os filhos livres das tradições, precisando formar sua própria identidade livremente – como se partissem de um mítico ponto zero, sem família, sem cultura ou sem país. Os pais anseiam por uma versão de liberdade e igualdade que seja compatível com a diferença coletiva tanto quanto com a diferença individual. Esse é um dos objetivos legítimos – também há os ilegítimos – do que hoje se conhece por "política de identidade". Ele decorre do que o filosofo alemão Iring Fetscher chamou *"das recht man selbst zu bleiben"* – o direito de ser fiel a si mesmo, que vigora inclusive, ou precisamente, contra as campanhas de assimilação promovidas em nome do universalismo político (como, por exemplo, os esforços bancados pelo Estado para "americanizar" os imigrantes que chegavam aos Estados Unidos no começo do século XX)[14]. A defesa desse direito é um elemento importante nos conflitos sociais contemporâneos, os quais freqüentemente giram em torno das exigências de reconhecimento e fortalecimento por parte dos membros das associações involuntárias.

Será realmente possível imaginar indivíduos sem nenhuma espécie de laços involuntários, livres de toda restrição de classe, etnia, religião, raça ou sexo, sem identidade, totalmente livres? Esse experimento mental é particularmente útil neste momento, desde que os teóricos pós-modernistas (do final do século XX) escreveram com tanto entusiasmo sobre a "autocriação", uma empreitada levada a cabo não exatamente a partir de um começo absoluto ou num vácuo social, mas sim – é o que dizem – em meio às ruínas das formas sociais convencionais. Desconfio que a tentativa de descrever uma *sociedade* de indivíduos autocriados esteja necessariamente fadada à derrota. Mas será interessante ver exatamente onde aparecerão as derrotas e quanto elas serão definitivas. Tentemos ima-

---
14. Iring Fetscher, *Arbeit und Spiel* (Stuttgart: Phillip Reclam, jun., 1983), pp. 164-5.

ginar, então, homens e mulheres como os descritos pela psicanalista francesa Julia Kristeva, que determinam suas identidades e filiações "pela lucidez, e não pelo destino"[15]. Eles próprios decidem seus projetos de vida, escolhem não somente aqueles com quem se associam, mas também a própria forma de sua associação, questionam todos os esquemas sociais convencionais e não reconhecem nenhum laço que eles mesmos não tenham criado. Transformam suas vidas em projetos puramente pessoais; são empreendedores do eu.

Essa autocriação é, sem dúvida, "incerta, arriscada e árdua", como admite George Kateb, um de seus defensores entre os teóricos políticos americanos[16]. Mas as pessoas que têm esse projeto o iniciariam na infância; teriam tempo de habituar-se a suas dificuldades. Presumivelmente, seus pais – os homens e mulheres autocriados têm pais, sim – os ajudariam a preparar-se para as escolhas que teriam de fazer. Lembrem-se, estamos imaginando uma sociedade de tais pessoas, não apenas um conjunto aleatório. Como os jovens seriam educados numa sociedade assim? O que, exatamente, estaria envolvido no processo de transformar crianças dependentes e vulneráveis em indivíduos livres, autocriados?

Imagino que se ensinariam às crianças os valores da individualidade: o significado da autonomia e da integridade, as alegrias da liberdade de escolha, o entusiasmo de assumir riscos nos relacionamentos pes-

---

15. Julia Kristeva, *Nations Without Nationalism*, trad. para o inglês de Leon Roudiez (Nova York: Columbia University Press, 1993), p. 35.
16. George Kateb, "Notes on Pluralism", *Social Research* 61, n.º 3 (outono de 1994): 531.

soais e nos envolvimentos políticos. Mas lições desse tipo não podem ser apresentadas apenas como comandos: Escolha livremente! Faça o que quiser! Provavelmente, o melhor modo de transmiti-las é na forma de narrativa; portanto, as crianças ouviram histórias sobre como uma sociedade de indivíduos livres fora criada contra o comunitarismo feroz ou a oposição religiosa, e sobre como os esquemas sociais mais antigos, primitivos, orgânicos ou tirânicos, foram abandonados ou derrubados. Devemos supor também que ocasiões comemorativas seriam extraídas dessas narrativas, sendo assinaladas anualmente com encenações rituais da luta contra a associação involuntária. Isso educa os sentimentos; mas, como também é preciso preparar a mente para a liberdade, os estudantes provavelmente seriam obrigados a ler, ainda, os textos básicos que explicariam e defenderiam a individualidade livre, bem como romances e poemas clássicos escritos por indivíduos livres.

Tudo isso me parece necessário. Ninguém prepara crianças para qualquer tipo de vida social humana, quanto mais para uma vida incerta, arriscada e árdua, deixando-as correr soltas como cavalos selvagens no pasto. Por outro lado, nada evoca tanto a imagem de cavalos no curral quanto a associação involuntária, que é exatamente o que uma escola é, mesmo uma escola dedicada à liberdade. Mas, se a educação é necessária (e necessariamente coercitiva), por outro lado não tem garantias de sucesso. Para a maior parte dessas crianças, descobrir uma maneira de expressar sua individualidade única seria provavelmente um grande esforço; elas desejariam um padrão convencional no qual pudessem se encaixar. Em princípio, contudo, não receberiam nada além de uma explicação geral sobre como deve ser um projeto de vida e individual; não lhes poderia ser dito quais deveriam ser seus projetos. Nesse caso, como elas escolheriam seu próprio caminho? Imagino um bando de indivíduos adolescentes em construção varridos por ondas de excentricidade moderna e intensa. Imagino-os entrando e saindo rapidamente de uma grande variedade de associações. Mas afinal, apesar de todo o esforço dos pais e dos professores, seriam eles tão diferenciados, tão mais individualizados, digamos, que os filhos de judeus ou católicos comprometidos, ou de búlgaros ou coreanos com uma forte identificação? Seriam mais tolerantes com alguém de seu grupo que optasse por não fazer o que já foi feito, não criar a si mesmo ou a si mesma sozinho ou sozinha, e que anunciasse aos amigos escandalizados: "vou apenas copiar o projeto de vida de meus pais"?

A maioria dos filhos não se rebelaria dessa maneira e, por conseguinte, com o tempo constituiria algo como um "rebanho de mentes independentes" (que é como o crítico social Harold Rosenberg definiu a *intelligentsia* ocidental nas décadas de 1940 e 1950)[17]. Eles teriam orgulho de quaisquer diferenças que conseguissem cultivar e sentir-se-iam confortáveis na companhia de outros como eles. Participariam voluntariamente da política daquela sociedade – embora eu não saiba exatamente como a política funcionaria se todos estivessem tentando ser, ou tentando aparentar ser, dissidentes ou *outsiders*. De toda forma, eles certamente se sentiriam obrigados a defender o regime que defendera aquela dissidência – principal-

---

17. Harold Rosenberg, *The Tradition of the New* (Nova York: Horizon Press, 1959): a expressão citada é o título da parte IV.

mente contra ameaças que viessem de pessoas que apregoam um compromisso coletivo e uma identidade comum. Os indivíduos seriam livres para partir, mas não quando a própria individualidade estivesse sob ataque.

Penso que o que este relato fictício mostra é que não poderia haver uma sociedade de indivíduos livres sem um processo de socialização, uma cultura da individualidade e um regime político de sustentação, cujos cidadãos, por sua vez, estivessem preparados para sustentá-lo. Em outras palavras, a sociedade de indivíduos livres seria, para a maioria de seus membros, uma associação involuntária. Todos os laços sociais, culturais, políticos e morais que existem em outras sociedades também existiriam nela, e teriam os mesmos efeitos mistos, produzindo a conformidade e, ocasionalmente, a revolta.

Tanto a existência quanto a legitimidade desses laços têm maior probabilidade de ser negadas por pessoas que pensam estar vivendo numa sociedade totalmente livre, principalmente pelos conformistas. E a negação é perigosa; ela torna a análise moral e sociológica da associação involuntária mais difícil do que deveria ser. Não seremos capazes de discutir se os laços estão apertados ou frouxos demais, se eles requerem financiamento oficial, regulação legal, o apoio da iniciativa privada, uma oposição ativa ou uma negligência branda. Não seremos capazes de compreender as formas de desigualdade produzidas pela associação involuntária, nem julgar as lutas que ocorrem dentro das associações (ou aderir a elas de maneira proveitosa). Não seremos capazes de reconhecer as tensões da política de identidade ou distinguir entre as exigências razoáveis e insensatas de reconhecimento e fortalecimento. Todas essas coisas são importantes. Como o caráter da associação involuntária não é, de modo algum, completamente determinado, ele está sujeito à transformação política. Contudo, não podemos modificá-lo até que o reconheçamos. Se não houvesse ninguém em nosso meio exceto indivíduos plenamente autônomos, as decisões políticas a respeito de restrição e liberdade, subordinação e igualdade simplesmente não teriam nenhuma razão de ser.

De fato, muitas decisões críticas têm de ser tomadas a respeito de todas as estruturas, esquemas, instituições e agrupamentos não escolhidos. O caráter e a qualidade das associações involuntárias modelam de maneira muito significativa o caráter e a qualidade das associações voluntárias. O que é involuntário é anterior dos pontos de vista histórico e biográfico; é o plano de fundo inevitável de qualquer vida social, livre ou servil, igual ou desigual. Caminhamos rumo à liberdade quando tornamos possíveis a oposição e a fuga, quando permitimos a dissidência e a resistência internas, o divórcio, a conversão, o desligamento e a renúncia. Caminhamos rumo à igualdade quando abrimos caminhos para a mudança social dentro das associações involuntárias, para os realinhamentos de *status* entre elas e para a redistribuição de seus membros. Mas a fuga em massa nunca é possível; nem o realinhamento e a redistribuição jamais conduzirão à abolição. Não podemos trazer o plano de fundo involuntário totalmente para o primeiro plano e torná-lo uma questão de autodeterminação individual. Vale a pena afirmar algo que parece óbvio: tanto a liberdade de escolha quanto a política igualitária dependem da experiência da associação involuntária e da compreensão dessa experiência. Sem essa experiência e compreensão, nenhum indivíduo seria forte o suficiente para enfrentar as dificuldades da liberdade, nem haveria alternativas claras e coerentes dentre as quais escolher ou proteção política contra os inimigos da liberdade de escolha. Até mesmo a confiança mínima que torna a associação voluntária possível jamais se desenvolveria. Portanto, não existiria uma luta pela igualdade que abarcasse homens e mulheres com suas identidades e lealdades, seus companheiros e compromissos – não haveria um igualitarismo realista ou sustentável.

Podemos atuar sobre o plano de fundo social, discutindo o que é necessário em diferentes épocas e lugares, para estimular um envolvimento intenso na atividade associativa e equiparar suas condições. Podemos, por exemplo, melhorar as escolas públicas dessa ou daquela maneira, alterar o currículo, impor padrões nacionais ou estabelecer o controle local, aumentar o salário e o prestígio dos professores. Podemos exigir que todas as crianças freqüentem essas escolas, ou podemos permitir, de maneira regulamentada, a educação privada e religiosa. A socialização é sempre coercitiva, mas seu caráter e suas condições estão abertos ao debate e à reforma democráticos. Da mesma forma, podemos redistribuir a renda e as oportunidades em prol de maior igualdade, não apenas entre os indivíduos, mas também entre os grupos raciais e religiosos. Podemos mudar as leis do casamento, tornar o divórcio mais fácil ou mais difícil, fornecer bolsas-família, intervir em defesa das esposas agredidas ou das crianças que não recebem atenção, rever nossas concepções a respeito dos papéis sexuais dentro e fora da família. Podemos alterar a estrutura legal dentro da qual os estatutos empresariais ou sindicais são escritos, subsidiar algumas associações e não outras. Podemos banir certos rituais e práticas associativos, como a poligamia ou a circuncisão feminina. Podemos repensar os direitos e responsabilidades dos residentes estrangeiros. Podemos tornar o serviço militar voluntário ou compulsório, dispensar diferentes categorias de homens e mulheres, e assim por diante. Lidar com as restrições impostas pela família, etnia, classe, raça e sexo é, em grande medida, a essência da política democrática. Não é possível abolir a associação involuntária; na verdade, às vezes vamos querer fortalecê-la, pois a cidadania democrática é uma das identidades que ela pode promover. Tampouco existe um equilíbrio correto entre o voluntário e o involuntário; temos de negociar as proporções para atender às necessidades do momento.

Na prática, os resultados dessa negociação apresentam-se menos como um equilíbrio simples do que como uma mistura dupla daqueles dois elementos. O plano de fundo necessário é apenas parcialmente involuntário, já que é possível sair das diferentes associações (embora difícil, às vezes). E as associações do primeiro plano – todos os nossos partidos, movimentos e sindicatos – são voluntárias somente num sentido qualificado: representam as escolhas livres de homens e mulheres que foram ensinados, e habilitados, a fazer escolhas dessa espécie... livremente. Com efeito, alguns deles experimentam a liberdade ao se recusar a fazer as escolhas convencionais. O ensinamento e a capacitação representam a construção contínua dessa liberdade: às vezes eles a melhoram, às vezes distribuem seus benefícios com mais justiça, mas nunca produzem uma autonomia perfeita. De toda forma, esse voluntarismo limitado é imensamente valioso. Devemos chamá-lo simplesmente de liberdade, sem qualificação: é a única liberdade que homens e mulheres como eu e você jamais poderemos conhecer.

Neste primeiro capítulo, descrevi os modos pelos quais a liberdade individual é restringida pelas realidades da vida em comum – e pretendi justificar algumas dessas restrições, refutar uma descrição exagerada e associal do que é a liberdade e de como ela funciona e começar a defender uma versão da igualdade que dá a devida atenção ao papel que os diferentes tipos de grupos desempenham na distribuição do poder político. Quando estão sozinhos na cabine de votação, os cidadãos democráticos estão exercendo o poder do modo radicalmente individualista com o qual a teoria liberal se sente mais à vontade (mesmo que provavelmente votemos como nossos pais). Mas há muitos outros momentos no processo político em que só podemos exercer o poder juntamente com outras pessoas, e em que a extensão do poder que exercemos depende desses outros. É por causa dos grupos a que pertencemos que alguns de nós são poderosos e outros, impotentes.

CAPÍTULO DOIS

O coletivismo da impotência

O poder é a moeda corrente da política, o instrumento universal que torna todas as coisas possíveis. Figura necessariamente até mesmo na ciência política liberal, que poderia se ocupar mais confortavelmente da argumentação, da deliberação e do consentimento. Desde o princípio, os autores e ativistas liberais procuraram limitar o poder. Começaram desafiando os reis, mas tinham o objetivo de impor limites em toda parte, até mesmo (ou principalmente) às decisões coletivas do "povo". Concordaram, desde cedo, que a melhor forma de impor limites seria dividir e dispersar a capacidade de exercer poder. A famosa separação dos três ramos do governo, descrita em *The Federalist*, requeria a existência de locais institucionais distintos a partir dos quais as decisões pudessem ser tomadas, contestadas ou constitucionalmente anuladas[1].

---

1. Ver Alexander Hamilton, John Jay e James Madison, *The Federalist* (Nova York: Modern Library, s/d), esp. nº 51, pp. 335-41.

Para os liberais, conseguir separar os poderes da maneira adequada era uma questão de projeto constitucional: o melhor projeto gerava o melhor regime. Na Grécia clássica, por outro lado, as discussões sobre o melhor regime concentravam-se na ordem social como um todo. O melhor regime era a realização política da melhor sociedade. A pergunta essencial sobre a localização do poder tinha o que poderíamos considerar um formato sociológico: no melhor regime/sociedade, o poder deveria ficar nas mãos de um indivíduo, de poucos ou da maioria – ou com uma mistura dos três? Por outro lado, os liberais modernos tinham por objetivo uma política bastante independente da sociedade, um arranjo constitucional que comportasse – e, se necessário, proporcionasse – soluções para diversas ordens sociais. Para eles, as perguntas pertinentes estavam relacionadas com a engenharia política. Como o poder deveria ser dividido entre as ramificações e níveis do governo? Qual a gama de assuntos sociais e econômicos inclusos na competência de cada um deles, e como as disputas entre eles deveriam ser resolvidas? Quando, exatamente, cada um deles deveria agir dentro da seqüência geral de proposta de lei, promulgação, vigência e controle de constitucionalidade repressivo? Como são escolhidos seus funcionários públicos e qual a duração de seu mandato? Quem deverá opinar e dar o consentimento necessário para que algo possa ser feito? Quem tem poderes de inquérito e de julgamento após os fatos consumados?

As respostas a essas perguntas produzem um sistema constitucional (existe ou não uma Constituição escrita). Em seguida, o sistema deve ser avaliado criticamente. Seus acordos funcionam? Conseguem evi tar o exercício arbitrário do poder? As tomadas de decisões estão realmente repartidas entre as três ramificações? Estas são genuínas questões liberais; sempre será necessário propô-las. Mas o triunfo da democracia convida a perguntas mais radicais, que remontam à discussão grega sobre o indivíduo, os poucos e a maioria. A democracia é, ao menos em princípio, a dispersão última do poder político: cada cidadão, como defendia Rousseau, tem uma parcela $1/n$ de "autoridade soberana", sendo n o número total de cidadãos[2]. A fração de Rousseau é tanto um símbolo matemático, sugerindo uma determinada parte de uma quantidade imaginada de poder, quanto um símbolo político, sugerindo a igualdade dos cidadãos; tratarei de ambos os sentidos. Em princípio, nenhum cidadão de um Estado democrático detém mais do que $1/n$ do poder, exceto com a concordância da maioria de seus pares, cada um dos quais é contado igualmente. Essa é a regra da maioria, mesmo que haja limites constitucionais sobre o que ela pode fazer; e isso depende da existência de uma sociedade na qual a maioria está preparada para governar, isto é: dotada da educação e dos recursos necessários para tal. Na verdade, essa dispersão última do poder nunca se concretizou. A desigualdade social e econômica destrói o princípio democrático. São os poucos que realmente governam por trás de uma fachada de democracia – como se costuma dizer, quase sempre com razão. Surge daí um novo grupo de questões, destinadas a

---

2. Jean-Jacques Rousseau, *The Social Contract*, trad. para o inglês de G. D. H. Cole (Nova York: E. P. Dutton, Everyman's Library, 1950), livro III, cap. I, pp. 54-60.

atravessar essa fachada: Quem toma as decisões aparentemente feitas pelo povo? Como e onde essas decisões são tomadas? Sob que tipo de pressão, sujeitas à influência de quem?[3]

Os cientistas políticos liberais geralmente respondem argumentando que, embora o poder seja disperso desigualmente, ele é disperso de maneira ampla. Apesar das hierarquias sociais e econômicas existentes, as democracias liberais são regimes mistos. Algumas decisões são tomadas por um indivíduo, outras por uns poucos, mas a maior parte pela maioria – ou pelo menos por um processo que leva em conta a opinião da maioria. Os efeitos combinados do projeto constitucional e da política democrática impossibilitam o entrincheiramento de grupos ou interesses particulares em posições de poder. As rivalidades intragovernamentais (entre legisladores e juízes, por exemplo, ou entre representantes federais e locais), as eleições periódicas, a competição partidária, a livre expressão – todos esses fatores se combinam para tornar incertas as decisões. O poder e a influência oscilam. O pêndulo político balança de um lado a outro. O nível de interesse e atividade da maioria sobe e desce constantemente. As vitórias dos poucos são sempre incertas.

---

3. Ao descrever esse debate, baseei-me principalmente em C. Wright Mills, *The Power Elite* (Nova York: Oxford University Press, 1956); Robert A. Dahl, *Who Governs? Democracy and Power in an American City* (New Haven: Yale University Press, 1961); Steven Lukes, *Power: A Radical View* (Londres: Macmillan, 1974); Dennis H. Wrong, *Power: Its Forms, Bases, and Uses* (Nova York: Harper and Row, 1980); e Jeffrey C. Isaac, *Power and Marxist Theory: A Realist View* (Ithaca: Cornell University Press, 1987). Mas, uma vez que vivi esses debates, provavelmente estou também me referindo a argumentos cujas fontes esqueci.

Embora os liberais acreditem que tudo isso é mais ou menos verdadeiro, aqueles democratas entusiásticos entre eles – com o argumento de que quanto mais, melhor – periodicamente apresentam sugestões para o aperfeiçoamento constitucional e a reforma política: referendo e destruição da função pública, representação proporcional, limites sobre os gastos do Executivo, financiamento federal de campanhas políticas e assim por diante. Segundo seus proponentes, tais medidas possibilitariam maior igualdade na tomada de decisões, maior incerteza acerca das decisões a serem tomadas, oscilações mais amplas do pêndulo político, bem como níveis mais altos e mais estáveis de participação popular.

Esses argumentos e propostas liberais provocaram uma reação radical (minha história é esquemática e apenas vagamente cronológica). Autores situados na extrema esquerda da política americana afirmam que tanto a atual dispersão do poder, conforme é descrita pelos liberais, quanto a esperança de mais igualdade são ilusórias. Ou a classe dominante realmente governa ou é uma elite de poder, advinda de diferentes classes, porém comprometida com o *status quo* social e econômico, que toma todas as decisões cruciais. O governo é, em princípio, democrático; na teoria (liberal), misto; e na prática, oligárquico. As eleições são um espetáculo secundário; não uma dispersão de poder, mas uma distração e uma mistificação de sua verdadeira coesão. Os cidadãos comuns aceitam sua subordinação passivamente, resistem somente de maneira marginal ou aderem a movimentos de massa que, de alguma forma, sempre falham. As vitórias comemoradas pelos partidos progressistas ou de esquerda são sempre secundárias, permitidas ou mesmo idealizadas pela elite para aplacar grupos descontentes e cooptar seus líderes. Um esforço imenso produz uma reforma apenas marginal.

Alguns críticos radicais sustentam, ainda, a idéia de que o foco liberal no constitucionalismo e na tomada de decisões (e portanto em programas postos em prática ou derrotados, reformas conquistadas ou perdidas) é um erro. O que é crucial é a decisão que não é tomada, a proposta que jamais é considerada, a idéia inovadora que, de algum modo, está sempre fora de cogitação. Governar um país significa controlar a agenda política, definir o que é admissível ou impensável, e esse trabalho é sempre feito por trás da fachada da política democrática[4]. Nós, o povo, debatemos o leque de políticas admissíveis com grande liberdade, acreditando que nossas opções são abertas. Mas as alternativas críticas nunca surgem; repousam em algum lugar além do horizonte democrático.

É provável que as críticas mais rigorosamente estruturalistas do liberalismo representem a melhor versão dessa posição radical. Elas não se concentram tanto no exercício do poder ou no processo decisório – tomar decisões ou descartá-las –, mas sim na posse do poder. (Discorrerei mais sobre a posse do que sobre o exercício do poder neste capítulo, mas não pretendo entrar nesses debates teóricos.) Onde se localiza o poder no interior do sistema social? Quem tem o potencial, o poder de agir? Como essa versão da crítica radical foi fortemente influenciada pela teoria marxista, ela se concentra sobretudo no poder do capital, na forma como a riqueza se converte em in-

---

4. Peter Bachrach e Morton S. Baratz, "The Two Faces of Power", *American Political Science Review* 56 (novembro de 1962): 947-52.

fluência política e, em última análise, em dominação, sem que os membros da classe dominante necessariamente empreendam qualquer coisa que possamos identificar como tomada de decisões políticas. Ora, o regime atual, o objeto da oposição radical, não é simplesmente uma oligarquia; é uma plutocracia – uma plutocracia impessoal, contudo, na qual o próprio capital manda e o restante de nós representa os papéis que nos foram atribuídos.

Os reformistas liberais também se interessavam pela questão do dinheiro na política. Mesmo que não reconheçam seus efeitos invisíveis e estruturais, que determinam a própria natureza do regime, eles têm uma consciência aguda de sua efetividade diária. Vêem o poder do dinheiro explicitar-se no suborno de funcionários públicos, na compra virtual de cargos eletivos através de contribuições de campanha, na propriedade dos meios de comunicação e assim por diante. E não ignoram – a maioria deles, de qualquer forma – seus usos indiretos: introduzir a polícia em disputas trabalhistas, moldar as políticas comerciais e financeiras do governo, alterar encargos tributários e minimizar ou reverter esforços legislativos em prol da redistribuição. Os usos diretos do dinheiro exigem uma reação política direta: banir o suborno, estabelecer concursos para o funcionalismo público, reformar o financiamento das campanhas. Os usos indiretos exigem algo mais, que pode ser alcançado apenas em parte através do projeto constitucional ou da reforma legislativa: o estabelecimento de "poderes compensatórios" na sociedade para equiparar-se ao poder da riqueza e desbancá-lo[5]. O poder compensatório é, de certa

---

5. John Kenneth Galbraith, *American Capitalism: The Concept of Countervailing Power* (Boston: Houghton Mifflin, 1952).

forma, uma reação à crítica estruturalista do liberalismo. Funciona como uma constitucionalização informal da vida social; assim como o Estado é dividido e equilibrado, assim também o é a sociedade civil. Grupos contrários aos plutocratas procuram, e às vezes conseguem, o poder para contestar suas decisões.

O poder compensatório pode assumir muitas formas; contudo, quando se propõe servir os propósitos da política democrática, precisa engajar a maioria contra a minoria. No mundo moderno, isso quase sempre significou organizar o trabalho contra o capital. O conflito entre sindicatos e empresas, no qual o Estado geralmente fica do lado empresarial, requer uma inclinação para o lado do trabalho. Eis o exemplo primordial de poder compensatório; os efeitos redistributivos da negociação coletiva, particularmente no fim dos anos 40 e nos anos 50, proporcionam a melhor prova de seu sucesso. Mas outras formas de impotência também podem encaixar-se nesse modelo – pelo menos, é o que dizem os teóricos políticos liberais. Grupos marginalizados e excluídos, mesmo se marcados por motivos raciais ou religiosos mais que por motivos econômicos, também podem organizar-se para se defender e para favorecer seus interesses comuns. Podem tornar-se parte do sistema global de poder compensatório e de constitucionalismo social, o qual é constituído de muitos grupos diferentes que trabalham, às vezes sozinhos, às vezes em coalizão, para equilibrar e refrear os mais poderosos entre eles.

O objetivo do poder compensatório liberal ainda é a dispersão democrática do poder entre homens e mulheres individualmente, a entrega a cada um de seu $1/n$ de poder. Os grupos de interesse nada mais são que os instrumentos dessa entrega. E, na verdade, os críticos radicais do liberalismo não têm outro fim em vista, pois uma sociedade na qual a plena dispersão democrática do poder fosse alcançada seria também a sociedade sem classes da visão marxista. Tanto a visão liberal quanto a visão radical implicam a dissolução das categorias de diferença em prol de uma igualdade cuja unidade de medida seja o indivíduo – cada um igualado ao outro de modo que se garanta $1/n$ para todos. Uma pessoa, um voto, uma fração de influência e poder. A discordância fundamental entre liberais e radicais não é quanto à importância de todos esses "uns", mas quanto à dificuldade de alcançar a igualdade entre eles. Contra o otimismo persistente dos reformistas liberais, os radicais insistem que sua análise estrutural das sociedades capitalistas demonstra que a igualdade não pode ser promovida por grupos de interesse de poder compensatório, mas apenas por um movimento em prol da transformação social. Os grupos de interesse podem ser comprados, ou, se necessário, constrangidos e reprimidos. Apenas um movimento revolucionário pode desafiar o governo da classe dominante.

Não pretendo subestimar a força dessa crítica radical, mesmo que, desde 1989, ninguém mais defenda sua versão mais forte. A desigualdade nas sociedades capitalistas é sistêmica, e o sistema está firmemente estabelecido. As reformas liberais produziram apenas vitórias limitadas, como as campanhas pela sindicalização na década de 30; elas próprias dependem freqüentemente das energias e ambições radicais. Entretanto, tem havido vitórias concretas e derrotas concretas também. Os balanços do pêndulo previstos pelo constitucionalismo liberal ocorreram de fato. Há muito tempo, a participação na política democrática vem crescendo dramaticamente, e as disparidades de poder e renda vêm se estreitando, às vezes de maneira significativa. A análise estrutural radical não consegue dar uma boa explicação para essas conquistas; ao contrário, seus defensores tendem a negar ou minimizar o valor de quaisquer ganhos obtidos, como já apontei anteriormente. Isso representa uma recusa em lidar com a experiência da sujeição e da libertação (parcial). Muitos críticos radicais recusam-se a reconhecer, por exemplo, as mudanças no chão de fábrica trazidas pela sindicalização: não a igualdade, certamente, mas o fim do poder arbitrário de supervisores e gerentes, o que representou também o fim da humilhação e da opressão como realidades diárias no trabalho (elas retornam, é claro, quando o poder sindical declina)[6].

Conquistas desse tipo são extremamente importantes, e não apenas porque melhoram a qualidade de vida de milhões de pessoas. O igualitarismo, mesmo quando pára aquém de $1/n$ para todos, limita o poder dos grupos mais poderosos. A fração de Rousseau propõe um compartilhamento universal do poder político, o que é um ideal regulador que provavelmente não se concretizará tão cedo. Mas todo movimento rumo à igualdade tem o efeito imediato de impor limites sobre o que pode ser feito por aqueles que detêm mais do que $1/n$. O poder compensatório é uma idéia geral que cobre um leque de atividades democráticas necessárias: oposição, resistência, protesto e negociação coletiva.

---

6. Para um relato pessoal de como foram essas mudanças na indústria do aço, ver Jack Metzgar, *Striking Steel: Solidarity Remembered* (Filadélfia: Temple University Press, 2000).

Portanto, precisamos observar atentamente o modelo liberal, que ao menos explica conquistas importantes, como as do movimento trabalhista. Sugiro que o chamemos de modelo "emancipatório". Eis como ele opera, considerando-se uma ordem política mais ou menos democrática. Primeiro, garante-se a cidadania aos membros dos grupos oprimidos, o que acaba sendo uma alocação formal, ainda não totalmente efetiva, de poder político. Em seguida, lentamente, eles se organizam num movimento ou grupo de interesse, aglutinando seu poder e aprendendo a exercê-lo de maneira disciplinada. Embora seu objetivo de longo prazo seja o poder igualitário, $1/n$, na sociedade em geral, eles alcançam uma melhoria imediata de sua posição de poder porque o primeiro n relevante é – para continuar com nosso exemplo – o número de trabalhadores sindicalizados, e, como diz a velha canção, "a união faz a força"*. Eles se fortalecem ao fazer alianças com outros grupos ou ao atrair o apoio dos partidos políticos existentes. Desafiam seus opressores no local da opressão – no chão-de-fábrica, no balcão de lanchonete segregado, no bairro residencial "protegido" por pactos restritivos – e, depois, nas urnas. Exploram os freios e contrapesos do sistema constitucional liberal, trabalhando às vezes em nível estadual, às vezes em nível federal, encontrando apoio no Congresso, nos tribunais ou entre os funcionários públicos.

Lenta mas firmemente, seus membros adquirem a competência e acumulam os recursos necessários para o êxito democrático e ganham a auto-suficiência que

---

* "*The union makes us strong*". *Union* também significa "sindicato". (N. da T.)

vem com esse êxito. Finalmente, completam sua emancipação ao escapar não apenas da opressão, mas também do grupo oprimido. Agora são homens e mulheres individuais, não mais sujeitos à disciplina de um movimento. Ainda não têm nada parecido com $1/n$ – essa igualdade ainda repousa num futuro distante –, mas têm mais poder do que quando começaram, e o empregam como quiserem. Eles, ou seus filhos, são agentes da mobilidade social, geográfica e política. Escalam a hierarquia de renda e *status*, mudam-se para longe da antiga vizinhança, entram e saem de partidos políticos – sempre carregando seu poder consigo. Participam do sistema de poder compensatório, mas não necessariamente com seu grupo original. São livremente móveis na sociedade civil.

Esse modelo liberal explica muito do que aconteceu nos Estados Unidos no século passado. Muitos americanos reconhecerão nele sua própria história familiar ou uma versão idealizada dela. Mas outros, não. Se a análise radical não explica o sucesso da emancipação, o modelo liberal não explica seus fracassos; não nos ajuda a entender o que Charles Tilly chama de "desigualdade duradoura"[7]. Por que algumas pessoas ou, mais precisamente, alguns grupos foram deixados tão para trás?

As desigualdades mais profundas e persistentes não são principalmente econômicas em sua origem. Suas raízes encontram-se nas diferenças culturais e étnico-raciais, bem como na exploração política dessas diferenças. Tampouco são sensíveis à emancipação liberal em sua versão convencional, pois para su-

---

7. Charles Tilly, *Durable Inequality* (Berkeley: University of California Press, 1998).

perá-las é preciso algo muito diferente da aglutinação temporária e da posterior dispersão ampla do poder político. Os objetos da desigualdade duradoura são uma subclasse especial das associações involuntárias que descrevi no primeiro capítulo do livro; são grupos "categoriais" e estigmatizados. Nos Estados Unidos de hoje, esses grupos são primariamente grupos raciais, negros e índios; em outras épocas e lugares, a etnia e a religião causaram desigualdades semelhantes. Nem a ausência de classes, nem a autonomia individual, por mais admiráveis que sejam esses ideais, propõem uma solução eficaz para a *estigmatização* e a opressão que ela normalmente acarreta.

As teorias liberal e radical são igualmente ineficientes para lidar com esse tipo de opressão. O grupo oprimido não é como a classe trabalhadora marxista, nem se parece com quaisquer grupos de interesse liberais: não é um conjunto de indivíduos que abriram caminho na classe ou no grupo por meio de uma linha de conduta própria, uma pessoa ou família de cada vez. Os membros de grupos estigmatizados não são indivíduos unidos apenas por suas desvantagens comuns, e que se tornam um coletivo coerente dotado de uma consciência de grupo somente através da ação política – sem nenhuma razão para permanecer juntos uma vez que sua opinião política tenha prevalecido. No mundo real da desigualdade duradoura, os indivíduos não se tornam membros desses grupos porque são desfavorecidos: são desfavorecidos porque são seus membros[8]. A filiação *é* a des-

---
8. Para uma descrição dos negros americanos em conformidade com estas linhas, ver Glenn C. Loury, *The Anatomy of Racial Inequality* (Cambridge, Mass.: Harvard University Press, 2002).

vantagem. Os membros são categorizados e estigmatizados coletivamente, não individualmente, e então sofrem uma discriminação sistemática, tanto social quanto econômica. De acordo com a interpretação liberal clássica do mercado, as pessoas sobem e caem, obtêm êxito ou fracassam uma a uma; o estigma, por contraste, é uma sina em comum.

Por que o modelo emancipatório não funciona para os grupos estigmatizados? Poderemos ter uma idéia dos motivos se analisarmos a história do império e a experiência da libertação nacional. Tomemos os árabes argelinos no momento em que, tardiamente, foram-lhes oferecidos direitos iguais aos dos cidadãos franceses e a perspectiva de inclusão plena na república. Na Argélia, antes disso, os colonizadores europeus haviam dominado tanto a sociedade quanto a economia (embora houvesse bastante *pied noirs** pobres); os árabes eram os "nativos", considerados atrasados, ignorantes, supersticiosos, preguiçosos e assim por diante – esses estereótipos não são muito diferenciados nos ambientes coloniais. Havia exceções, é claro: alguns esquerdistas europeus tentaram organizar movimentos políticos que pudessem atrair pessoas de ambos os lados da linha étnico-nacional existente. Mas, basicamente, os árabes eram um grupo subordinado e estigmatizado, desprezado pelos colonizadores[9].

A cidadania os teria posto na estrada rumo à emancipação – uma longa estrada, sem dúvida, mas que os conduziria, de acordo com todas as placas, a um destino certo: um pé de igualdade com os europeus

---

* Argelinos de origem européia. (N. da T.)
9. Alistair Horne, *A Savage War of Peace: Algeria, 1954-1962* (Nova York: Viking, 1977), caps. 1-3; p. 43 para a oferta de direitos iguais.

na Argélia e com os homens e mulheres comuns em todas as outras províncias da república. A vasta maioria dos árabes argelinos, porém, escolheu outro caminho. Não queriam ser individualmente franceses; queriam ser coletivamente árabes e, talvez, coletivamente muçulmanos também. A identidade estigmatizada era também uma identidade valorizada, e poucas pessoas estavam dispostas a abandoná-la. Embora essa relutância seja comum entre os membros das associações involuntárias, por motivos que discuti previamente, ela assume uma intensidade apaixonada entre os grupos excluídos, colonizados e estigmatizados (mesmo quando também há indivíduos que tentam se libertar do grupo e afastar o estigma). Tampouco os argelinos acreditaram – e nem poderiam ser estimulados a isso pelas placas da estrada, as quais estavam todas em francês – que poderiam manter sua identidade e, ainda assim, tornar-se cidadãos plenos da república. *Naquela* república, pensaram, seriam desiguais para sempre. E, assim, optaram pela libertação nacional, em vez da emancipação liberal. A maior parte do mundo aceitou sua escolha prontamente, em parte porque os argelinos eram um povo conquistado, estabelecido desde há muito num território que era convenientemente separado do território dos franceses. A precondição da cidadania era a assimilação, e quase ninguém esperava que os árabes da Argélia fossem assimilados pelo povo francês. (Logo tratarei da questão diferente, mas não tanto assim, dos árabes na França.)

Acontece, portanto, que quando pensamos em $1/n$ de poder temos de pensar em n não apenas como um número, mas também como um grupo: n não é simplesmente 100 mil, mas 100 mil "alguéns" – árabes, franceses, russos ou chineses. E em casos como o dos argelinos o valor da fração depende não apenas do valor numérico de n, mas também do que é n e, em seguida, do caráter e qualidade, do orgulho, do prestígio e da riqueza material do coletivo que ele representa. O movimento de libertação deixa de ser apenas instrumental, uma aglutinação temporária de recursos visando à possível inclusão num corpo maior e menos determinado; ele tem valor em si e por si, um valor criado pelo investimento histórico e contemporâneo feito na nação por seus membros. Em aritmética básica, o valor da fração diminui conforme o denominador aumenta; na aritmética política da libertação nacional, os dois podem crescer juntos. Sou uma pessoa mais poderosa quando sou membro de um grupo maior, com mais recursos, mais competente e mais bem-sucedido, mesmo que eu ainda seja apenas um membro. O modo de tornar os argelinos iguais aos franceses é criar um Estado argelino atraente e próspero paralelamente ao Estado francês. Ou melhor, esse é o primeiro passo necessário para a igualdade.

Portanto, emancipação e libertação nacional são diferentes, dessa forma decisiva. No segundo caso, o grupo oprimido não se dissolve na sociedade em geral; em vez disso, consolida sua própria "condição de grupo". Mas a libertação nacional aceita uma sociedade de Estados, dentro da qual a consolidação toma a forma da soberania. Dentro de um único Estado, a emancipação pareceria o modelo preferível. E quanto aos árabes na França, alguns dos quais são agora cidadãos franceses? Eles juntam seus recursos em diversas organizações que trabalham em prol da igualdade plena, e participam de sindicatos trabalhistas e partidos políticos de esquerda que afirmam ter em vista o mesmo objetivo. Eles não estarão logo emancipados e assimilados? Talvez, mas há muitas evidências de que eles ainda ocuparão por muito tempo os níveis mais baixos da hierarquia social como um grupo, e não apenas como um conjunto de indivíduos desafortunados. Se insistirmos em propor as questões radicais – "Como o poder se dispersa? Como as decisões são tomadas?" –, descobriremos que os indivíduos árabes, mesmo sendo cidadãos da república francesa, não detêm tanto poder quanto os cidadãos etnicamente franceses. Mais uma vez, esse fato é resultado de sua identidade coletiva; não pode ser interpretado como um fracasso individual ou uma desventura repetida em série[10]. Os árabes na França certamente se beneficiariam do sucesso político da esquerda – mas não o suficiente, provavelmente, para trazê-los à igualdade plena.

O que se torna necessário, em casos como esse, é uma variante do fortalecimento coletivo. Mas essa variante precisa ser compatível com a emancipação e a cidadania, e conviver, ainda que com um certo desconforto, com ambas. Não pretendo substituir o modelo liberal, apenas suprir suas deficiências. Dada a existência de hierarquias raciais, étnicas e religiosas (além das de classe) e a desigualdade categorial, o fortalecimento dos indivíduos não virá apenas por meio do fortalecimento dos grupos, mas por meio da associação permanente com ele. Fazer essa associação funcionar e torná-la compatível com a política

---

10. Para uma visão mais otimista da capacidade francesa de criar um pluralismo igualitário, ver Pierre Birnbaum, *The Idea of France*, trad. para o inglês de M. B. De-Bevoise (Nova York: Hill and Wang, 2001).

democrática parece-me uma questão vital para a esquerda contemporânea, ou para todos aqueles que continuam a se preocupar com a igualdade.

O caso mais difícil de desigualdade categorial ainda não apareceu em minha discussão e pode não se encaixar no modelo de fortalecimento que agora passo a defender. A hierarquia sexual é a forma mais antiga e persistente de desigualdade – a mais "dura", portanto, por ter sobrevivido a tantas transformações sociais. Certamente as mulheres têm sido, em todas as civilizações que conheço, um grupo estigmatizado (mesmo quando uma imagem ideal do feminino torna-se objeto de adoração poética). Estou certo de que os estigmas apresentam alguma variação cultural, mas o que é mais interessante, impressionante até, é quanto são padronizados em muitas culturas. As mulheres são convencionalmente descritas – pelos homens – como emotivas, irracionais, mental e moralmente fracas, movidas a sexo e facilmente desviadas de qualquer atividade séria[11]. Com base nessas descrições, elas são ou foram, até bem recentemente, excluídas de posições de poder; com exceção de poucas mulheres aristocráticas e algumas rainhas e imperatrizes, não desempenharam quase nenhum papel nas tomadas de decisões públicas.

Mas quando a expressão *grupo estigmatizado* é aplicada às mulheres, se o adjetivo é fácil de explicar,

---

11. Esses argumentos surgem não apenas no pensamento político (masculino) cotidiano, mas também entre os teóricos de respeito: ver Susan Moller Okin, *Women in Western Political Thought* (Princeton: Princeton University Press, 1979); e Jean Bethke Elshtain, *Public Man, Private WomanL Women in Social and Political Thought* (Princeton: Princeton University Press, 1981).

o substantivo levanta muitas dificuldades. Em comparação com todos os outros grupos sobre os quais discorri, as mulheres não compartilham de uma vida cultural ou religiosa separada da dos homens; não habitam um território, distrito ou bairro distintos; não têm uma história que possa ser desenredada da história dos homens, ou melhor, da história como um todo. Elas vivem principalmente em família, e sua cultura e religião (bem como sua classe social) geralmente são as mesmas de seus pais, irmãos, maridos e filhos. Não quero dizer que não houvesse uma cultura das mulheres na cristandade medieval ou na China antiga, ou que não haja uma no Islã contemporâneo ou na América de hoje. Mas não há uma cultura das mulheres que transcenda esses diferentes mundos e que exista de forma coesa fora deles. Pelo contrário, as mulheres estão integradas na cultura circundante, que também é a sua. E mais: são os principais agentes de reprodução cultural. Mas a cultura que reproduzem não é especificamente sua; socializam seus filhos e filhas na cultura geral, seja ela árabe, muçulmana, francesa ou cristã.

O fato de estarem tão dispersas nos lares e nas famílias é a característica especial da impotência histórica das mulheres. A dispersão é o objetivo ideal do processo de emancipação, quando imaginamos muitos indivíduos, homens e mulheres, movendo-se livremente na sociedade política e civil, cada um com sua cota $1/n$ de poder. Mas a dispersão é perigosamente debilitante no começo da emancipação, como Marx percebeu ao escrever sua famosa teoria sobre o modo pelo qual a concentração de trabalhadores nas cidades e nas fábricas tornaria a política revolucionária possível. As mulheres nunca se concentram dessa forma; vivem entre homens, a maioria delas com homens. Por essa razão, a organização de massa e a política revolucionária têm sido difíceis, se não impossíveis, para elas. O movimento das mulheres obteve vitórias significativas nos últimos anos, mas esses ganhos foram conquistados segundo as linhas propostas pelo modelo de emancipação liberal. O êxito da luta pela cidadania plena e pelo sufrágio abriu caminho para a formação de grupos de interesse que tratam de *injustiças* específicas, principalmente legais e econômicas, e para uma mobilização política concentrada, acima de tudo, no aumento do número de mulheres em cargos públicos. Ambas essas lutas foram parcialmente bem-sucedidas, e o resultado foi a entrada de mais e mais mulheres em posições de liderança tanto no mundo empresarial quanto no político[12]. Essas posições são conquistadas uma a uma; porém, em sua esteira, a posição geral das mulheres também melhorou; elas agora possuem algo mais próximo de seu direito democrático a $1/n$ do que jamais tiveram antes. Mas o que esse n designa são alguns milhões de cidadãos americanos adultos. As mulheres emancipadas não se tornam, nem buscam tornar-se, os agentes de uma autodeterminação mais restrita, nem mesmo no quadro maior da democracia americana. À medida que os antigos estigmas são apagados, vivem como cidadãs comuns; se participam da cultura da diferença, assim o fazem como negras, judias ou latinas, com uma freqüência muito maior do que como mulheres.

Ao menos, é o que parece estar acontecendo. Resta saber se as mulheres emancipadas sentem a neces-

---

12. Jane J. Mansbridge, em *Why We Lost the ERA* (Chicago: University of Chicago Press, 1986), fornece um exemplo de uma campanha que fracassou, mas que ilustra perfeitamente o modelo emancipatório.

sidade de uma vida institucional à parte e permanente ou não. O "serviço público" do movimento feminino contemporâneo sobreviverá ao sucesso desse movimento? Uma carreira em instituições de mulheres teria algum apelo se as instituições comuns da vida americana estivessem igualmente abertas, no topo e nas fileiras mais baixas, às mulheres competentes e ambiciosas? Não sei ao certo como responder a essas perguntas, mas questões parecidas sobre outros grupos estigmatizados e categóricos parecem-me fáceis de responder. Quando os negros finalmente tiverem alcançado uma posição igual na economia americana e na sociedade em geral, ainda haverá igrejas negras, bairros negros, organizações negras de ajuda mútua, revistas negras, sociedades culturais e instituições educacionais negras. Creio que o caso dos judeus mostrar-se-á característico de outros grupos excluídos: hoje há senadores, governadores e prefeitos judeus; há altos executivos judeus nas grandes corporações; e ainda assim uma carreira no serviço público judeu – nas sinagogas, federações, congressos e comitês que compõem a vida organizacional separada do judaísmo americano e proporcionam serviços para todas as fases da vida aos judeus americanos – parece promissora e gratificante a muitas pessoas. Precisamos entender por que tal coisa acontece, pois ela aponta o caminho rumo a uma política igualitária que pode ser útil na luta contra a desigualdade duradoura.

Classe e cultura não são categorias totalmente distintas, mas podemos aprender muito com suas diferenças. No geral, nos Estados Unidos de hoje, as organizações de classe não procuram prestar serviços durante todas as fases da vida de seus membros e, portanto, não chegam a desenvolver uma vida institucional tão rica quanto a dos grupos culturais (e, principalmente, religiosos). Tampouco seu serviço público é comprometido com sua própria permanência. Os grupos de interesse costumam sobreviver aos interesses que representam, mas, em princípio, isso não deveria acontecer. As organizações da classe trabalhadora marxista representam o exemplo clássico. Como seus ativistas buscam, ao menos em teoria, a criação de uma sociedade sem classes, almejam também a dissolução de seus próprios movimentos, partidos, jornais e grupos de jovens. A socialdemocracia européia foi, por algum tempo, uma exceção a essa regra teórica; como seus líderes não acreditavam, de fato, na ausência de classes (ou na revolução), deram início à consolidação de uma cultura da classe trabalhadora; tentaram oferecer a gama completa de serviços, para todas as fases da vida, das creches às organizações funerárias. Mas a mobilidade social e a democratização cultural tiveram efeitos como os que a revolução deveria ter, tornando impossível reproduzir a vida coletiva da classe trabalhadora. O sucesso da democracia social solapa sua própria cultura.

Por outro lado, os grupos religiosos em geral, assim como alguns grupos raciais e étnicos, conseguiram controlar seus meios de reprodução cultural e fornecer amplos serviços para todas as fases da vida. Mas não conseguiram isso igualmente bem. As desigualdades que perduram de geração a geração são a conseqüência do êxito extremamente irregular da maioria e da minoria, do centro e da periferia, das culturas dominante e subordinada. Há provavelmente ainda mais desigualdade no interior do conjunto de grupos minoritários, periféricos e subordinados, mas vou deixar isso de lado por enquanto a fim de poder fazer um comentário crucial sobre todos eles juntos. Esses grupos são marcados não apenas pela pobreza de seus membros individuais, mas também por sua incapacidade coletiva de acumular recursos e fornecer serviços essenciais: educação, assistência, empréstimos, defesa mútua. Sim, os grupos estigmatizados e excluídos se reproduzem, socializando seus filhos e comemorando os momentos-chave do nascimento, da maioridade, do casamento, da criação dos filhos e da morte. Eles preservam sua vida comum, mas não podem melhorá-la ou fazê-la progredir. Sofrem de um déficit duplo: não somente a pobreza dos indivíduos aumenta a pobreza do grupo, mas a pobreza do grupo confirma e intensifica os efeitos da pobreza individual. O problema da desigualdade duradoura precisa ser abordado em ambos os níveis.

Na literatura acerca da comunidade e do multiculturalismo, costuma-se afirmar que o que os grupos estigmatizados precisam é de "reconhecimento", seja este o apagar público do estigma ou sua redefinição como se fosse uma honra: *"Black is beautiful."* O reconhecimento é uma coisa boa, sem dúvida, e no contexto de uma longa história de humilhação e rejeição ele bem pode ser necessário. Contudo, seu valor tem sido, por vezes, exagerado nos debates sobre política de identidade. Os membros dos grupos oprimidos têm sido estimulados – equivocadamente, creio – a perceber-se como prejudicados, acima de tudo, pelo desrespeito do outro dominante, e a buscar pelos sinais de respeito adequado. Mas um estado de permanente desconfiança a respeito de coisas humilhantes ou mal-intencionadas que estejam prestes a ser ditas ou feitas é autoderrotista. Conduz, com muita freqüência, a uma política de raiva e ressentimento sem saída.

Provavelmente também seja autoderrotista imaginar que o objetivo de reconhecimento e respeito a longo prazo possa ser mais bem alcançado diretamente, através da insistência no respeito em si. (A insistência é, de fato, engraçada; o comediante americano Rodney Dangerfield fez carreira com ela.) Pensem na analogia da felicidade, que, apesar da Declaração de Independência americana, não conseguimos alcançar através da busca. Concentramo-nos em metas como trabalho gratificante, bons relacionamentos e experiências particularmente agradáveis, e se os encontramos somos felizes. A felicidade é um subproduto. Jon Elster escreveu extensivamente sobre esse tipo de objeto, que deve ser alcançado indiretamente e em relação ao qual o esforço concentrado pode ser contraproducente, como quando fazemos força para pegar no sono[13]. As pessoas não conquistam o respeito insistindo que não são suficientemente respeitadas.

De que os grupos precisam para conseguir escapar da estigmatização, para serem reconhecidos e respeitados? Que objetivos devem perseguir diretamente? Necessitam de um lugar seguro no mundo, de uma presença institucional e, acima de tudo, de recursos econômicos e políticos. Precisam, ainda, coexistir com outros grupos situados em posição semelhante, aproximadamente iguais a eles. Os outros grupos são necessários para proporcionar o reconhecimento e o respeito; por sua vez, eles esperarão ser reconhecidos e respeitados também. Na sociedade internacional, espera-se que essa reciprocidade seja a regra en-

---

13. Jon Elster, *Ulysses and the Sirens: Studies in Rationality and Irrationality* (Cambridge: Cambridge University Press, 1979).

tre os Estados; na sociedade nacional, ela requer um multiculturalismo consciente. Mas a reciprocidade não funciona se não é nada mais que a coexistência de homens e mulheres culturalmente identificados, cada um nervosamente concentrado na retórica e nos gestos dos outros (alguns obsessivamente concentrados). Precisamos do que chamarei de "multiculturalismo feijão-com-arroz", no qual a força material dos grupos os obriga ao respeito mútuo. Essa força não será obtida através da transformação do grupo numa corporação, uma entidade legal com direitos e obrigações coletivos. Numa sociedade liberal, os grupos não podem estabelecer uma existência corporativa dessa natureza, uma vez que o Estado não irá policiar suas fronteiras ou fornecer-lhes uma filiação estável, capaz de escolher líderes e taxar a si própria em prol do bem-estar comum – nem deve fazê-lo. O formato convencional desse tipo de vida em grupo, dada a liberdade da sociedade civil, é o centro mais a periferia: um centro de crentes ou ativistas e um grupo maior de membros e quase membros, conectados ao centro de diversas maneiras, espalhando-se ao longe e sobrepondo-se à periferia de outros centros. O teste, para o centro, é sua habilidade de recrutar tempo, energia e dinheiro de uma parte substancial de sua periferia e financiar e equipar suas próprias instituições, burocracias e serviços de bem-estar. Quando um grande número de grupos do centro consegue passar nesse teste, temos um multiculturalismo feijão-com-arroz[14].

---

14. Valho-me aqui de alguns argumentos que apresentei pela primeira vez em "Multiculturalism and the Politics of Interest", em David Biale, Michael Galchinsky e Susannah Heschel (orgs.), *Insider/Outsider: American Jews and Multiculturalism* (Berkeley: University of California Press, 1998), pp. 88-98.

O melhor meio, talvez o único, de superar a desigualdade duradoura é capacitar os crentes ou ativistas de grupos estigmatizados – como os negros americanos, ou, tendo em vista a importância da religião na vida americana, os batistas negros – para se vincular a suas periferias, acumular recursos e fornecer serviços para todas as fases da vida semelhantes àqueles fornecidos pelos grupos mais favorecidos. Este é o modelo do fortalecimento: começa com indivíduos associados a um grupo e rebaixados por essa associação; confere-lhes poder através do fortalecimento do grupo. Seu poder passa a valer $1/n$, onde n equivale, digamos, a 30 milhões de negros americanos organizados e recém-dotados de recursos; em seguida, mas também simultaneamente, seu poder é $1/n$ sobre n', onde n' é o número total de americanos (volto ao mesmo pressuposto já mencionado: essa ainda não é a igualdade real). O fortalecimento ainda é um modelo individualista, mas reconhece que os indivíduos vivem em grupos e que seu lugar na sociedade é determinado, em parte, pela posição de seus grupos. Ademais, ele se apega à lealdade de muitos indivíduos a um grupo específico, mesmo quando eles estão associados a mais de um grupo, de modo que se alimente uma política igualitária. A ambição é o combustível do modelo de emancipação (como também o são a esperança de que as ambições possam ser realizadas e a indignação decorrente da frustração dessa esperança). Mas a ambição é apenas uma parte da história individualista, e é superestimada em muitos relatos. O apego é a outra parte, e devido ao poder do apego nenhuma sociedade de iguais pode ser alcançada ou sustentada sem o fortalecimento coletivo[15].

---

15. Para uma argumentação paralela à minha sobre essas questões, ver David Carroll Cochran, The *Color of Freedom: Race and*

Minha intenção é fazer uma afirmação simples e até mesmo crua: não apagaremos os estigmas carregados pelos grupos mais seriamente estigmatizados de nossa sociedade até que lhes sejam proporcionados, e até que eles possam proporcionar a seus membros a gama completa de recursos materiais e serviços que resumo como feijão-com-arroz. Não basta ajudar os indivíduos a escapar dos grupos estigmatizados. A emancipação de um indivíduo de cada vez não funciona quando a identidade de grupo, não importa qual seja sua aparência externa, é avaliada de dentro – como normalmente acontece. Mesmo quando a estigmatização produz o ódio a si mesmo entre alguns membros de um grupo estigmatizado, a maioria resistirá, percebendo que se odiar é uma patologia. A maioria das pessoas procurará lidar com a patologia fortalecendo o grupo, não abandonando-o.

Como fornecer o feijão-com-arroz não é uma questão que eu pretenda abordar nem mesmo brevemente aqui; terei algo mais a dizer a respeito disso quando discutir a sociedade civil no Capítulo 4. O auto-sustento é melhor, não apenas extraindo recursos do grupo, que infelizmente podem ser insuficientes, mas também organizando-se politicamente para obter recursos do Estado. Há muitas formas de fazer isso e muitos modos de aumentar a possibilidade de que seja feito; quando o assunto é arrecadar e distribuir dinheiro, tanto os Estados quanto os cidadãos têm muitas opções. Mas é vital reconhecer um problema que não se limita aos grupos estigmatizados: todos os centros e periferias que existem nas sociedades li-

---

Contemporary American Liberalism (Albany: State University of New York Press, 1999).

berais sofrem com o problema da "carona". Sofrem voluntariamente; o centro presta serviços que não deseja negar aos membros periféricos e quase-membros; é assim que os atrai e retém. Mas não pode taxar nenhum de seus membros para que paguem por esses serviços. Portanto, o Estado tem de entrar em cena, de uma forma ou de outra; podemos discutir quais as melhores maneiras. E ele o faz, embora geralmente com programas que são mais úteis aos grupos mais poderosos, mais bem organizados e politicamente mais competentes. Uma forma de provimento estatal criada para atender aos grupos mais fracos será uma característica *necessária* – e *permanente* – de qualquer multiculturalismo igualitário.

Seja qual for o caso com a classe e o sexo, temos todos os motivos para crer que alguns grupos raciais, religiosos e étnicos sobreviverão à emancipação e continuarão a precisar de instituições e serviços públicos próprios. Seus membros continuarão a marcar o ciclo da vida juntos. O casamento entre grupos introduzirá muitas famílias em mais de um conjunto de comemorações do ciclo da vida, mas desconfio que a maioria das pessoas fará escolhas dentre os diferentes contextos. Embora possam se deixar levar na direção das periferias distantes do grupo primário de seus pais, por exemplo, ainda irão querer comemorar os momentos fundamentais de suas vidas e da vida de seus filhos, e essas comemorações serão, em sua maioria, de caráter coletivo. Ritos de passagem culturalmente específicos e os preparativos da comunidade para os momentos de alegria e de dor: estes são especialmente importantes, creio, para os membros dos grupos excluídos. E os indivíduos que confiam na capacidade de sua comunidade para fazer tais preparativos serão em geral mais fortes – e mais respeitados, também, porque irão dirigir organizações, arrecadar e gastar dinheiro (inclusive o dinheiro dos impostos), e cuidar das necessidades de seu próprio grupo. Essas são as características da vida coletiva que inspiram respeito, mesmo quando, e principalmente quando, ninguém está pedindo respeito. Podemos ter certeza, portanto, que o fortalecimento mediado, $1/n$ sobre n', será uma característica de qualquer sociedade igualitária. Os modelos de emancipação e fortalecimento precisam operar simultaneamente – com diferentes grupos (ou o mesmo grupo em momentos diferentes) optando por um ou pelo outro. Ambos são características indispensáveis da política liberal e da sociedade civil. Às vezes, funcionarão como poder compensatório, às vezes como uma simples distribuição de poder. Mas nem sempre o poder será distribuído diretamente aos indivíduos; será também concentrado em diferentes locais do espaço social, e os indivíduos serão fortalecidos por essas concentrações. Eles não serão fortalecidos por igual, é claro. A emancipação liberal almeja uma sociedade futura na qual a igualdade de $1/n$ seja plenamente alcançada. O modelo de fortalecimento é diferente, pois opera por mediação, e a mediação sempre gera desigualdades; os grupos e as instituições de mediação têm histórias, trajetórias políticas, recursos e habilidades de liderança diferentes, e assim por diante. Não obstante, o fortalecimento irá solapar as desigualdades duradouras que assolam a sociedade liberal. Criará uma igualdade geral mais ampla. Não existe caminho melhor para uma igualdade maior – a não ser a abolição das diferenças, algo com que muitos liberais e radicais sonham, mas que jamais serão capazes de fazer.

Todavia, muitos progressistas temem que o modelo de fortalecimento acabará por dividir e fragmentar os Estados Unidos[16]. A emancipação produz cidadãos, enquanto o fortalecimento produz comunidades limitadas de judeus, negros e índios americanos. É bem verdade que no esforço pelo fortalecimento ouvir-se-ão algumas vozes em defesa de concepções nacionalistas linha-dura da vida comunitária. Mas é improvável que tais concepções vençam, por duas razões principais. Em primeiro lugar, os membros dessas comunidades conservam filiações alternativas ou suplementares, algumas delas em movimentos de classe e grupos de interesse cujo objetivo é a emancipação. Em segundo lugar, o esforço pelo fortalecimento acontece no interior do mundo da política democrática; ele envolve, entre outras coisas, uma campanha pelo apoio do Estado. Se, em contraste com a emancipação, ele produz americanos com dupla identidade e uma cidadania mediada, não deixa de ser verdade que a parte americana dessa identidade e o senso de ser um cidadão são reforçados pelo fortalecimento: esse é um de seus efeitos igualitários mais importantes. Ele contribui significativamente para o senso de eficácia dos cidadãos membros, o que vale dizer que os conduz a pensar, e com razão, que detêm mais poder do que tinham antes, não apenas para moldar suas próprias vidas no interior de seus grupos como também para influenciar a vida da comunidade em geral.

Os membros de grupos fortalecidos participam do sistema político (constitucional) como cidadãos e

---

16. Arthur M. Schlesinger, Jr., *The Disuniting of America* (Nova York: Norton, 1992).

como membros. A melhor prova disso é seu comportamento eleitoral, que é fortemente condicionado, mas não determinado, por sua filiação: alguns concordam entre si quanto a seus interesses como membros e votam juntos; outros discordam e votam diferentemente; e o mesmo é válido para seus interesses como cidadãos. Os grupos mais fracos chegam mais perto do voto em bloco propriamente dito, embora também tenham índices de votação baixos: somente seus membros ativos estão mobilizados e disciplinados para lutar pelo poder. Mais adiante na luta, se chegarmos até lá, a emancipação e o fortalecimento, o trabalho comum dos cidadãos e o trabalho comum dos membros coexistirão mais facilmente. Já coexistem entre os membros dos grupos estabelecidos – um tributo às complicações permanentes de interesse e de identidade.

Imaginemos uma dispersão radical (estrutural) do poder político, primeiramente entre os ramos e níveis de governo, entre todos os funcionários públicos que ocupam cargos essenciais, e entre os cidadãos, com suas cotas democraticamente idênticas $1/n$; e, em segundo lugar, entre todos os núcleos ativistas, os serviços públicos alternativos dos grupos e movimentos dos Estados Unidos, e entre os membros a quem eles servem, espalhando-se pelas múltiplas periferias. Creio que esse seja um quadro a ser admirado e um projeto que deveríamos tentar concretizar. Não temos de desistir do indivíduo, da minoria e da maioria; a necessidade de resistir ao poder da minoria plutocrata continua sendo vital para qualquer política igualitária. Contudo, somente uma redistribuição mediada dos recursos através dos núcleos e periferias da vida em grupo começará a resolver as desigualdades persistentes com as quais, até agora, o igualitarismo liberal não conseguiu lidar.

No próximo capítulo, quero examinar de perto um grupo categorial particular e altamente problemático, a comunidade étnica tradicionalista ou religiosa fundamentalista, cujos membros são, com freqüência, estigmatizados, hostilizados e enfraquecidos. Examinarei as reivindicações que tais comunidades fazem às democracias liberais – acima de tudo, uma reivindicação que a maioria dos liberais negaria se pudesse: a de que a comunidade tem o direito de controlar totalmente a educação de seus filhos a fim de assegurar a reprodução de seu estilo de vida. Mas e quanto à reprodução da cidadania democrática?

CAPÍTULO TRÊS

Os direitos culturais

As comunidades culturais são associações involuntárias no exato sentido que propus no primeiro capítulo. Os indivíduos são inscritos por seus pais, e, apesar de consideráveis idas e vindas nos anos subseqüentes, a maioria das pessoas paira em torno dos grupos nos quais foi inscrita, às vezes distanciando-se de suas práticas e crenças, às vezes aproximando-se novamente. Quero discutir uma das reivindicações que alguns grupos desse tipo fazem à sociedade maior – uma reivindicação não (ou não principalmente) de apoio material, mas de "direitos culturais". A negociação dessas reivindicações figura com freqüência na política de reconhecimento e de fortalecimento. Mas as negociações concretas deixam todos pouco à vontade; medos e ressentimentos antigos entram em cena, provocados pelo isolamento e pela desigualdade.

Os grupos que fazem as reivindicações mais vigorosas são minorias cujos membros estão comprometidos com uma versão tradicionalista ou fundamentalista da religião e da cultura, e que são marginais, vulneráveis, pobres e estigmatizados, em parte, ao menos, por causa desse comprometimento. Nos Estados Unidos, esses membros compõem uma proporção relativamente pequena das vítimas da desigualdade duradoura; em outros países, eles têm uma presença mais significativa. Em todo caso, os grupos constituídos por eles apresentam problemas especialmente difíceis para o Estado liberal. E os teóricos liberais, descontentes com todas as formas de política culturalista, preocupam-se particularmente com esses grupos. Como sugeri no capítulo anterior, eles preferem tratar das desigualdades em termos de classe, não em termos de comunidade. Mas algumas desigualdades realmente estão enraizadas na cultura e na comunidade. A classe revela-se um conceito utópico.

Perguntemos então: qual é o sentido dos direitos culturais exigidos por muitas comunidades de minorias religiosas e étnicas no mundo moderno? E até onde devem ir as democracias liberais (ou socialdemocracias) na acomodação de comunidades desse tipo? Para mim trata-se de perguntas práticas. Não estou interessado, aqui, no debate filosófico sobre se esses direitos existem e, se existem, se é possível dizer que os grupos ou apenas os indivíduos os têm. Essas reivindicações são importantes, quer os direitos sejam reais, quer não. A conversa sobre direitos, contudo, é a nossa linguagem natural; não poderei evitá-la, mesmo quando insistir que o modo como reagimos às reivindicações do culturalismo depende mais da sociologia que da filosofia. Quando discutimos o multiculturalismo e a cidadania democrática, temos de dar atenção, como apenas comecei a fazer, às características específicas da vida em grupo e às demandas específicas dos diferentes grupos.

As democracias liberais não devem ter dificuldade alguma em reconhecer os direitos à auto-organização comunal, ao culto religioso e à celebração do ciclo da vida, ao uso livre e aberto de uma língua tradicional ou nacional no interior de uma comunidade em situações rituais ou domésticas (e possivelmente em alguns contextos políticos), nem ao reconhecimento público da comunidade e de sua cultura em museus e monumentos e talvez, ainda, no calendário oficial[1]. Esses pontos são relativamente fáceis de aceitar. Embora algumas pessoas possam defender a indispensável neutralidade do calendário oficial, essa neutralidade pareceria compatível com uma ampla e imparcial plenitude; um calendário que trouxesse todos os feriados étnicos e religiosos importantes não favoreceria nenhuma etnia ou religião em particular.

Se, por um lado, é fácil reconhecer a auto-organização e a cultura da comunidade, o significado central da reivindicação de direitos culturais não é nem um pouco fácil de aceitar. Como está relacionado com a reprodução social, ele envolve inevitavelmente a coerção das crianças e, portanto, invade os limites do poder do Estado. Ele nos força a confrontar, da maneira mais intensa, tudo que existe de involuntário

---

1. Para os argumentos com os quais concordo, de maneira geral, ver Will Kymlicka, *Liberalism, Community, and Culture* (Oxford: Oxford University Press, 1989); Kymlicka, *Multicultural Citizenship* (Oxford: Clarendon Press, 1996); e Charles Taylor, *Multiculturalism and "The Politics of Recognition"*, Amy Gutmann (org.) (Princeton: Princeton University Press, 1992). Para a gama completa de pontos de vista sobre o tema, ver Kymlicka (org.), *The Rights of Minority Cultures* (Oxford: Oxford University Press, 1995).

nas associações involuntárias. A reivindicação é a de que toda comunidade racial, étnica, religiosa (ou – por que não? – política ou ideológica) tem o direito de tentar-se reproduzir – o que significa o direito de criar e educar seus próprios filhos. Essa reivindicação é feita com maior paixão pelos membros de grupos fracos, vulneráveis e estigmatizados, que acreditam que sua própria sobrevivência e seu futuro coletivo estejam ameaçados.

"O direito de tentar...": isso soa como um direito que deveria ser prontamente reconhecido e aceito sem contestação. Mas ele é contestado, principalmente porque, em grande parte do mundo moderno, as pessoas pertencem a mais de uma comunidade, e, portanto, a reprodução social exige que se ensine a seus filhos mais de uma história e cultura. Os ensinamentos podem ser incoerentes e até contraditórios; além disso, certamente haverá conflitos quanto ao ensinamento que tem precedência e quanto a quem, afinal, controla o processo educacional. Esses conflitos podem ser angustiantes para os indivíduos e, quando são externados politicamente, muitas vezes dividem a comunidade e o país no qual ela se encontra. Em certos tipos de comunidades – eu as chamarei de comunidades liberais – os conflitos podem ser, e de fato têm sido, administrados com êxito. Mas essa experiência pode ser enganosa.

Imaginemos um exemplo de nosso próprio país: pais que sejam cidadãos americanos, católicos e ítalo-americanos. Em cada nível do sistema educacional, esses pais terão de fazer escolhas difíceis ou potencialmente difíceis entre escolas públicas/seculares e escolas paroquiais religiosas. Embora caibam aos pais, essas escolhas são moldadas e suas conseqüências financeiras são determinadas por decisões orçamentárias tomadas pela Igreja e pelos governos estadual e municipal (o ensino é a função governamental mais descentralizada nos Estados Unidos). Uma questão política importante e polêmica é se a reprodução social dos ítalo-americanos católicos deve ser financiada com o dinheiro público – totalmente, em parte, ou de forma nenhuma. Se o acesso ao financiamento público for possível, como acontece em muitos países europeus (embora apenas para grupos religiosos), o conjunto dos cidadãos provavelmente desejará opinar com relação a como será gasto. Os cidadãos estarão preocupados com sua própria reprodução. A prática democrática padrão é exigir que certos cursos relacionados com o Estado e sua legitimidade sejam ministrados nas escolas religiosas que o Estado financia. Nos Estados Unidos, os governos estaduais impõem tais requisitos mesmo quando não financiam as escolas religiosas, mas apenas as licenciam e certificam: eles normalmente exigem cursos sobre história e literatura americana e sobre política democrática. E, para os cidadãos democráticos, não é uma prática justificável tentar reproduzir seus valores e compromissos na geração seguinte, exatamente como acontece entre os ítalo-americanos com uma forte identidade étnica ou entre os católicos praticantes?

Sim, é justificável, e também é possível, na maior parte do tempo, planejar a realização (mais ou menos) simultânea dessas diferentes atividades reprodutivo-educativas, porque cada uma das três comunidades sobre as quais estou discorrendo é uma comunidade liberal, ou seja, está preparada para aceitar as lealdades divididas de seus membros. Os Estados Unidos reconhecem, há muito, o pluralismo da sociedade americana e as resultantes identidades duplas de seus cidadãos (até mesmo permitem a cidadania dupla e a fidelidade dupla que ela acarreta). Assim, ser *ítalo-americano* é algo aceitável para os outros americanos – bem como para os italianos nos Estados Unidos, cuja comunidade está estruturada de maneira muito fluida, pronta para abrir espaço para a participação de seus membros na política e na sociedade americanas e aceitar, embora descontente, as conseqüências dessa participação: a saber, membros que se afastam da italianidade e às vezes retornam com cônjuges não-italianos a tiracolo. Da mesma forma, o catolicismo americano gradualmente assimilou as práticas e mesmo os valores do debate e da decisão democráticos (apesar de seu próprio caráter hierárquico) – de modo que os católicos praticantes também podem ser democratas e republicanos, liberais e conservadores, socialistas e defensores do *laissez-faire*; podem até ser membros de grupos de pressão comprometidos com a reforma da Igreja. Essas três comunidades – americanos, ítalo-americanos e católicos – pluralizaram-se a partir de dentro, e, como resultado disso, as reivindicações que fazem quanto a sua reprodução já estão qualificadas por um reconhecimento de reivindicações similares (mas diferentes) feitas em nome de alguns ou mesmo de todos os seus próprios membros[2].

As diferentes reivindicações têm de ser negociadas – e costumam ser; são, em sua maior parte, reivindicações feijão-com-arroz. Não é difícil imaginar as negociações num impasse temporário ou raivosa-

---

2. Sobre o caráter das comunidades étnicas e religiosas nos Estados Unidos, ver, de minha autoria, *What It Means to Be an American* (Nova York: Marsilio, 1992).

mente suspensas; assim têm sido, com freqüência, as negociações sobre o financiamento e a regulamentação das escolas religiosas nos Estados Unidos, desde que imigrantes católicos passaram a chegar em massa, na década de 1840. Mas a partir do momento em que os católicos reconhecem que seus filhos são também futuros cidadãos de um Estado democrático secular, e todos os outros americanos reconhecem que alguns de seus concidadãos são católicos praticantes, e os ítalo-americanos reconhecem que seus filhos podem se casar com não-ítalo-americanos, as questões mais difíceis estão resolvidas. A chave para a solução é o fato de essas comunidades terem desistido de exigir a lealdade total de seus membros. Sem dúvida, ainda esperam capturar uma parte importante de seu tempo, energia e riqueza disponível, mas não exigem tudo.

É exatamente essa situação que o teórico político David Miller descreve com um exemplo diferente, afirmando não existir conflito entre uma identidade étnica árabe e uma identidade nacional/republicana francesa[3]. Isso é verdadeiro desde que essas identidades dêem espaço uma à outra. Contudo, alguns militantes muçulmanos e alguns jacobinos dos tempos modernos não estão dispostos a fazer isso.

Contanto que os grupos não façam reivindicações radicais ou totais, as negociações resultantes, mesmo com impasses, representam uma política liberal possível. As lealdades divididas abrem caminho para a escolha individual, e, embora alguns filósofos liberais se preocupem com quanto essas escolhas são determinadas por compromissos étnicos ou religiosos que

---

3. David Miller, *On Nationality* (Oxford: Clarendon Press, 1995), p. 144.

são mais herdados que intencionais, eles podem fazer as pazes com o tipo de pluralismo que estou descrevendo. Também acaba sendo relativamente fácil movimentar recursos através das fronteiras dessas comunidades pluralizadas e divididas. O projeto redistributivo do liberalismo contemporâneo ao menos é coerente com a vida coletiva atual de católicos e ítalo-americanos.

Passemos agora a uma reflexão sobre um tipo totalmente diferente de vida coletiva, em geral inimaginável na filosofia liberal. Há alguns anos, o sociólogo Lewis Coser publicou um livro chamado *Greedy Institutions* [Instituições vorazes], no qual examinava grupos e organizações que, de fato, exigem tudo (ou quase tudo – *tudo* é um termo relativo) que seus membros podem dar[4]. A maioria dos grupos discutidos no livro de Coser recrutava seus membros quando adultos; o Partido Comunista, como era antigamente, é um exemplo evidente. Mas as pessoas também nascem e são criadas em comunidades vorazes ou totalizadoras. Os membros de tais comunidades, ou melhor, seus filhos, herdam (mais do que escolhem) um sistema social completo em todos os detalhes e que inclui, em todos os casos importantes, um lugar para cada um deles numa hierarquia plenamente desenvolvida: homens e mulheres, velhos e jovens, instruídos e ignorantes.

O objetivo essencial da educação numa comunidade como essa é ensinar aos futuros membros os deveres de sua posição. E é esse foco estreito e exclusivo

---

4. Lewis A. Coser, *Greedy Institutions: Patterns of Undivided Commitment* (Nova York: Free Press, 1974).

que torna o direito de reprodução social tão problemático – digo, problemático para uma sociedade liberal e democrática; porém, apenas nesse tipo de sociedade as reivindicações são feitas utilizando-se a linguagem dos direitos. Eis uma questão prática, portanto: devemos (liberais e democratas) reconhecer o direito de comunidades totalizadoras, como os grupos fundamentalistas ou ultra-ortodoxos (os *haredim* em Israel; as seitas pentecostais nos Estados Unidos) ou os grupos étnicos tradicionalistas (as tribos aborígines do Canadá e da Nova Zelândia) de se reproduzir – ou seja, fazer o que acham necessário para transmitir seu modo de vida aos filhos, que são também futuros cidadãos de um Estado democrático? E o Estado deve, de alguma forma, apoiar o exercício desse direito? Esse direito é problemático por três motivos:

1. Como esses grupos em geral não reconhecem os direitos atribuídos igualmente a todos os seus membros, tanto os homens quanto as mulheres, pelo Estado democrático, eles tendem a não educar seus membros acerca desses direitos. Acima de tudo, não querem que seus filhos compreendam a total extensão de seu direito liberal de saída – o direito de partir, demitir-se, afastar-se, tornar-se um apóstata –, o qual vale para todos os grupos, inclusive as comunidades religiosas (e, ao menos em princípio, para o Estado também).
2. Porque esses grupos freqüentemente não provêem seus filhos com as habilidades econômicas necessárias para abrir seu caminho no mundo se decidirem partir, tampouco os membros adultos do grupo desenvolveram no interior da comunidade os recursos que possibilitam uma existência material próspera. A educação que oferecem condena a maioria de seus fi-

lhos a alguma versão de pobreza tradicionalista ou de disciplina espartana – com base no pressuposto de que essa é a vida feliz, é claro.

3. Porque esses grupos tendem a não ensinar a seus filhos os valores inerentes à política democrática: a igualdade dos cidadãos, a necessidade de um debate livre e aberto, o direito de oposição e, principalmente, o compromisso com um *bem-estar público*, ou bem comum, que inclua pessoas fora da comunidade religiosa – hereges, apóstatas, infiéis, estrangeiros e assim por diante[5].

Suponhamos agora que as afirmações descritivas que acabo de fazer sejam exatas e que os grupos totalizadores se comportem assim. Isso significa que, por uma questão de princípios, suas escolas não formarão indivíduos que sejam capazes de agir autonomamente no mundo (escolhendo uma carreira, por exemplo, ou seguindo uma vocação não ratificada por sua religião) ou que sejam capazes de buscar o êxito material; e não formarão cidadãos que estejam prontos para assumir a responsabilidade pelo bem-estar geral de uma comunidade política que inclua "os outros". Eu até insinuaria que o projeto reprodutivo dos grupos totalizadores depende desses resultados: o projeto não será bem-sucedido e não irá prosperar ao longo do tempo a menos que se ensine aos novos membros a não procurar a autonomia, não perseguir a felicidade sob a forma de bem-estar material

---

5. Acerca do conteúdo indispensável de uma educação baseada nos valores democráticos, ver Amy Gutmann, *Democratic Education* (Princeton: Princeton University Press, 1987). A edição revista, publicada em 1999, contém um epílogo que trata diretamente das questões discutidas aqui.

e não buscar o bem geral para além de sua comunidade. O Estado democrático deve apoiar, ou mesmo permitir, esse êxito?

O primeiro problema levantado por essa pergunta é a extensão dos direitos dos pais sobre os filhos quando são contestados, não pelos próprios filhos, mas por outras pessoas que alegam ter interesse nos valores e no comportamento futuros dos filhos. Nesse caso, é o Estado, ou melhor, o corpo de cidadãos, que reivindica esse interesse. Suponho que a reivindicação usual seja limitada: os cidadãos têm um interesse que existe paralelamente ao interesse dos pais e o modifica nesse e naquele ponto. Somente se o Estado fosse, ele próprio, uma comunidade totalizadora, somente se fosse um Estado totalitário em vez de liberal, ele reivindicaria um interesse superior.

Vamos tentar imaginar um grupo de cidadãos explicando seu interesse a pais céticos ou hostis. O que diriam esses cidadãos? Eles poderiam discorrer sobre a primeira e a segunda características problemáticas dos grupos totalizadores, e reforçar o direito dos filhos de agir autonomamente no mundo e buscar (se assim o desejarem) a felicidade material. Com efeito, a autonomia é o valor mais invocado pelos liberais quando criticam as práticas educacionais dos grupos religiosos fundamentalistas, por exemplo. Mas isso implica a crença no direito de saber o que é melhor para os filhos dos outros – um direito difícil de defender quando o que está em jogo é o uso do poder do Estado, algo que pretendo deixar entre parênteses e abordar apenas indiretamente. Uma discussão centrada na terceira característica problemática das comunidades totalizadoras parece mais promissora, já que agora os pais falam por si e por seus próprios filhos como cidadãos e futuros cidadãos. Mas ainda há muitas dificuldades, como veremos; a discussão aqui iniciada não tem fim.

Os cidadãos dizem aos pais: "Vocês podem criar seus filhos para se tornarem o que vocês quiserem que eles sejam, com esta condição: para que se tornem cidadãos, para que possam participar ao lado de nossos filhos da vida pública da comunidade maior, participar de debates sobre a política interna e externa, votar em nossas eleições, terão de aprender algo sobre a história do país, o significado da cidadania e os valores da política democrática. Como cidadãos, eles não são simplesmente seus filhos; são filhos da República, o que significa que tomarão decisões que irão determinar o formato de nossa vida em comum, talvez até mesmo a sobrevivência da comunidade política. E precisam aprender a ter responsabilidade como cidadãos, a fim de que possamos ter confiança em sua capacidade de exercê-la. Há muita coisa em jogo; as decisões das quais eles participarão têm uma importância decisiva para todos nós."

Essa é, creio, a posição minimalista dos cidadãos; observem que ela não especifica a extensão do papel educacional que eles estão reivindicando. Mesmo se essa extensão for modesta, eles provavelmente terão mais a dizer do que aquilo que acabei de imaginar que eles diriam. Os direitos da cidadania democrática – o debate livre, a oposição política – sobrepõem-se aos direitos de autonomia que deixei entre parênteses há pouco. Por conseguinte, se alguns dos filhos do grupo religioso exigirem o direito de fugir da disciplina de um tribunal religioso, por exemplo, ou do controle patriarcal dos líderes mais velhos do grupo, esse direito (além de outros) certamente será defendido

pelos funcionários do Estado democrático. "Entre nós", dirão os funcionários, "todos os homens e mulheres são iguais perante a lei, e essa igualdade deve ser defendida pelo Estado e imposta pelos magistrados, quaisquer que sejam as conseqüências para grupos religiosos específicos. Os indivíduos podem abandonar esses grupos ou tornar-se dissidentes dentro deles, sem nenhuma penalidade civil – com efeito, sem custos de nenhuma espécie no que diz respeito ao Estado."
Mas essa reação nos conduz imediatamente ao segundo problema que grupos desse tipo apresentam: determinar até que ponto estamos preparados para tolerar as diferenças. Os defensores liberais da tolerância às vezes supõem que estão sendo tão tolerantes quanto possível, tanto quanto se pode esperar deles, quando admitem uma gama imensa de escolhas individuais. Praticamente qualquer projeto de vida imaginável é legítimo, desde que não seja um projeto para roubar ou matar nossos semelhantes, e as pessoas podem associar-se livremente para apoiar qualquer projeto que requeira sua cooperação. Muitos projetos, muitas associações. Que mais alguém poderia desejar?
Na verdade, contudo, os projetos de vida que as pessoas concebem sob essas condições de liberdade individual acabam por ser extraordinariamente semelhantes entre si (como apontei no primeiro capítulo). No mínimo, são semelhantes no que diz respeito ao conjunto de diferenças revelado no registro histórico e antropológico. As pessoas que planejam suas vidas e as transformam em projetos pessoais, que são empreendedoras de si, são um tipo entre muitos. Conheço intimamente pessoas assim, e é provável que

a maioria dos leitores deste livro também. Não obstante, tais pessoas tiveram uma aparição tardia na história humana; foi só nos dois últimos séculos que elas começaram a dominar as sociedades ocidentais. Como hoje, esses somos nós (ou a maioria de nós), devemos nos perguntar: estamos preparados para tolerar homens e mulheres para quem a autonomia, o livre-arbítrio e a busca da felicidade individual não sejam valores centrais? Estamos preparados para tolerar homens e mulheres que se vinculam às próprias vidas de maneira diferente – que herdaram, mais do que escolheram, suas vidas, por exemplo, ou que se submetem à autoridade divina?

Somente se estivermos preparados para tolerar pessoas com esse tipo de vida é que poderemos nos considerar tolerantes perante a *diferença*. Portanto, aqui estamos: cidadãos liberais e democráticos. Aqui estão eles: membros de uma comunidade total que não é uma associação voluntária nem na prática, nem na percepção que os filiados têm dela. O que eles nos diriam quando reivindicássemos um interesse em seus filhos? "Mas se vocês pretendem tolerar-nos", diriam, "se pretendem reconhecer nosso direito de viver à nossa maneira e educar nossos filhos para valorizar e manter esse estilo de vida, então é preciso que nos permitam controlar inteiramente sua educação. Nosso modo de vida é um todo integral, completo em si mesmo; não deixa nenhum aspecto da vida pessoal ou social sem orientações e restrições. Ele não tem meio-termo; não pode ser combinado com um pouquinho disto e um pouquinho daquilo. Talvez, no curso de suas vidas adultas, muitos de nossos filhos e filhas sejam forçados a mudar-se para o mundo exterior e adaptar-se a seus modos e costumes. Mas isso faz com que seja ainda mais importante controlarmos sua educação por tanto tempo quanto possível – e é especialmente importante e decisivo para nossa sobrevivência que possamos controlar, o mais possível, a educação e a criação de nossas filhas, porque são elas que carregam a responsabilidade da continuidade. Elas guardam o lar quando nossos filhos vagam por aí; e transmitem a nossos netinhos suas principais palavras e tendências.

"De toda forma, não podemos competir pela fidelidade de nossos próprios filhos, pois até que lhes tenhamos ensinado o valor de nossos costumes o mundo exterior certamente lhes parecerá mais interessante; o materialismo desse mundo tem um apelo maior que nossa existência espartana; suas gratificações vêm mais facilmente; suas responsabilidades, apesar de tudo que se fala sobre cidadania, são muito menos pesadas do que as responsabilidades que impomos, para com Deus e uns para com os outros. Simplesmente não podemos sobreviver como uma associação voluntária de indivíduos autônomos, na qual cada um planeja sua própria vida."

Embora esses tipos de grupo possam ser internamente democráticos ou não (geralmente são dominado por patriarcas), eles são evidentemente contrários hostis aos valores do Estado democrático cuja tolerância buscam. É improvável também que um Estado desse tipo ou seu regime de tolerância sobrevivessem se um único grupo totalizante se tornasse dominante demograficamente. Entretanto, há um forte argumento a favor de tolerar tais grupos e até mesmo a favor de fortalecê-los e dar algum apoio (qualificado e condicional) à sua reprodução cultural. É o argumento do multiculturalismo, e o que ele sustenta é que,.

em primeiro lugar, os seres humanos precisam do apoio e do cuidado de uma comunidade cultural para ter uma vida digna; em segundo lugar, que as comunidades culturais são entidades altamente complexas, criadas ao longo de muitas gerações, com o esforço e a dedicação de muitas pessoas; em terceiro lugar, que, embora os homens e mulheres não escolham suas comunidades, eles são, não obstante, muito apegados a elas, moralmente e emocionalmente; em quarto lugar, que as diferentes comunidades encarnam valores que não podem ser ordenados numa escala única (o que não quer dizer que suas práticas e políticas não possam ser criticadas). Não apresentarei nenhuma defesa implícita dessas quatro alegações, embora as estivesse defendendo implicitamente na abertura de minha discussão sobre as associações involuntárias... e o esteja fazendo novamente aqui.

Pretendo tratar de uma outra dimensão do multiculturalismo contemporâneo. O objetivo da política do reconhecimento e do fortalecimento é, ao menos em parte, a igualdade. Ela deve ser diferenciada do esforço liberal mais convencional pela emancipação: criar indivíduos autônomos, depois libertá-los de suas comunidades vorazes. Os indivíduos autônomos têm mobilidade social; percorrem as categorias econômicas de cima a baixo, buscando suas oportunidades, vencendo ou fracassando no mercado. É importante que lhes seja permitido fazer isso, embora não precisemos sempre ver suas atividades empreendedoras como libertadoras ou heróicas. As comunidades que eles deixaram para trás, que já eram fracas, ficarão ainda mais enfraquecidas com sua partida. Mas alguns membros, muitos, aliás, não partirão – mesmo que possam "se dar melhor" no mundo exterior. A fidelidade aos velhos costumes, como já demonstrei, ou a pessoas e lugares específicos, os manterá presos. E a ajuda mútua no interior da comunidade muitas vezes permite que seus membros possam se sair muito bem, reduzindo o estímulo para partir. O que um projeto igualitário exigiria então? Os cidadãos democráticos, utilizando o Estado como seu instrumento, devem tentar resgatar o grupo como um todo de sua existência empobrecida ou excluída – não apenas por meio do reconhecimento e do respeito por seu modo de vida, mas, se necessário, por meio de subsídios?

Essas questões suscitam uma outra: será que todos os grupos e modos de vida devem ser respeitados e subsidiados, sem levar em conta suas reais qualidades? Os críticos da política multicultural evocam o fantasma do relativismo. Como podemos respeitar ou subsidiar comunidades totalizantes e hierárquicas, não-liberais e desiguais? Na prática, porém, o relativismo é apenas um fantasma; o respeito e o subsídio sempre têm um preço, como logo descobrem os grupos tradicionalistas, tão logo reivindicam seus "direitos". Os direitos são uma instituição liberal; são acompanhados de certas condições, e é correto que assim seja. Mas não se pode impor a condição de que a comunidade totalizante se transforme numa associação voluntária liberal convencional.

Portanto, ainda que os valores do Estado democrático tenham precedência sobre os da comunidade religiosa *para certas finalidades*, esses valores não vêm em primeiro lugar em todos os casos. Mas não é fácil, mesmo para os cidadãos, determinar o alcance correto dos propósitos estatais legítimos e das exigências que podem ser impostas aos membros da comunidade.

Embora o número de finalidades seja potencialmente alto, ele é contestado a cada momento: acaso o Estado tem interesse na capacidade econômica de seus futuros cidadãos? Em sua compreensão da ciência moderna? Em seu treinamento militar? Em sua aceitação da política pública de saúde? Nas oportunidades iguais para meninos e meninas? Como um teórico da política comprometido com a democracia e a cidadania, sinto-me fortemente inclinado a responder sim a todas essas perguntas. Mas essa não pode ser a resposta certa, pois transformaria o corpo de cidadãos democráticos em algo muito próximo de uma comunidade totalizante.

Consideremos por um momento o último desses interesses estatais possíveis. Deve o Estado democrático liberal exigir que as crianças da comunidade religiosa recebam uma educação que proporcione (ou tente proporcionar) oportunidades iguais para meninos e meninas?[6] Talvez devamos formular a pergunta de outra maneira: deve o Estado assumir a educação das crianças da comunidade em nome da autonomia e das oportunidades iguais? Não resta dúvida de que a igualdade sexual, como é entendida nas democracias liberais contemporâneas, exigiria uma tomada de controle radical. Mas o que aconteceria com a tolerância? E o que pensar da inevitável resistência da comunidade, sua provável imersão em condições de pobre-

---

6. Para uma discussão sólida sobre esse assunto e outros temas relacionados, ver Susan Moller Okin, "Feminism and Multiculturalism: Some Tensions", em Dan Avnon e Avner de-Shalit (orgs.), *Liberalism and Its Practice* (Londres: Routledge, 1999), pp. 81-105. Ver também Anne Phillips, "Democracy and Difference: Some Problems for Feminist Theory", em Kymlicka (org.), *Rights of Minority Cultures*, pp. 288-99.

za e marginalidade ainda maiores, e o crescimento de uma política de ressentimento e paranóia entre seus membros? Pode ser que se tenha de escolher entre lidar com a posição desigual do grupo na sociedade e lidar com a posição desigual de seus membros individuais. Os teóricos políticos liberais preferem tratar do segundo problema, e isso é uma opção liberal compreensível. Mas talvez devêssemos tratar do primeiro problema... em primeiro lugar. Essa prioridade significaria procurar meios de deslocar recursos para a comunidade, ajudar seus membros a gerar e coletar recursos por sua própria conta, e fortalecer suas instituições educacionais e de bemestar, assim como os serviços que o grupo oferece para todas as faixas etárias – mesmo que ela continuasse sendo uma comunidade hierárquica. A anomalia, aqui, é o fato de que esse tipo de transferência de fundos só pode ser realizado politicamente. Ele requer que os membros do grupo participem do processo democrático, defendendo seus próprios interesses. Conseqüentemente, o argumento de que eles devem ser instruídos quanto às responsabilidades que acompanham a participação parece muito forte. Na verdade, a educação democrática deveria ser a condição crucial para qualquer transferência de recursos – obviamente, porque uma parte substancial dos recursos transferidos provavelmente seria utilizada na educação. Assim, as hierarquias internas do grupo são toleradas por essa versão do igualitarismo, mas simultaneamente subvertidas por ela.

    Mesmo a intervenção estatal minimalista, mais em nome da cidadania que da autonomia, desafiaria as hierarquias sexuais e etárias. Mas o desafio não seria completo – o que é bom. Observemos mais de perto as conseqüências morais e políticas de qualificar os membros do grupo como cidadãos e encorajá-los a participar do processo político. O Estado democrático reconhece a igualdade legal de todos os seus cidadãos, tanto os homens quanto as mulheres, e lhes garante os mesmos direitos de votar, ocupar cargos políticos, participar de campanhas e debates sobre políticas públicas e assim por diante. As diversas comunidades religiosas não podem, portanto, negar esses direitos, como várias delas estariam inclinadas a fazer, às mulheres do grupo. Não que os homens na liderança do grupo façam isso por muito tempo; eles entendem o valor do voto e, por conseguinte, querem que "suas" mulheres vão às urnas. Sem dúvida, eles as ensinam a obedecer a seus pais e maridos em tais assuntos e a votar segundo a orientação deles. Na verdade, porém, aos pais e maridos é ensinado algo muito parecido: obedecer aos líderes mais velhos e só votar nos candidatos aprovados. Portanto, o resultado mais imediato que os grupos totalizantes obtêm não é a negação do direito de voto às mulheres, mas uma votação em bloco, algo estranho à sociedade democrática.

Nas democracias eficientes e bem integradas, os membros de um grupo costumam discordar sobre como votar; e eles precisam ter esse direito. Mesmo numa comunidade altamente polarizada como o Quebec contemporâneo, o Partido Liberal consegue desafiar os nacionalistas em busca do apoio dos eleitores francófonos. Há uma regra geral nisso: dada a política de debate e oposição, qualquer afirmação de que existe um único modo certo para os membros de uma comunidade reagir às suas dificuldades certamente será questionada dentro da própria comunidade. Nos Estados Unidos, por exemplo, quando 65% dos trabalhadores sindicalizados votam nos democratas, isso é considerado uma demonstração notável de disciplina de classe. Quando 85% dos negros votam nos democratas, isso é tomado como um sinal de que elas estão muito longe da tendência política dominante. Mas os grupos totalizadores, mesmo quando politicamente mobilizados, tendem a dar porcentagens ainda mais altas de votos a um só partido ou candidato – um sinal de alienação ainda mais radical. As concessões mútuas da política democrática não fazem parte da experiência desses eleitores.

E deveriam fazer? A votação em bloco é muito útil na política de transferência de recursos e, por conseguinte, na política da igualdade. Mesmo assim, os cidadãos devem saber o bastante sobre o país onde vivem para participar de toda a gama de debates políticos – se quiserem, quando quiserem e como quiserem. O que seus concidadãos podem fazer para tornar isso possível? Imaginemos cidadãos que reivindiquem coletivamente o direito de opinar sobre a educação de todos os futuros cidadãos. Esse projeto educacional poderia ser alcançado de diversas maneiras, enquanto se deixariam os grupos totalizantes no controle de suas próprias escolas (mas não mais no controle absoluto)[7]. O Estado poderia exigir que certos cursos seculares (história, literatura, civismo) fossem ministrados; ele poderia enviar professores às escolas particulares, religiosas ou tribais para ministrar esses cursos; poderia criar exames nos quais os estudantes te-

---

7. Muitas possibilidades diferentes são consideradas nos artigos reunidos em Yael Tamir (org.), *Democratic Education in a Multicultural State* (Oxford: Blackwell, 1995).

riam de ser aprovados a fim de receber o diploma do ensino médio; poderia tirar alunos das escolas religiosas por períodos determinados, para inscrevê-los no serviço público, por exemplo, ou simplesmente para lhes mostrar um pouco do mundo fora de sua própria comunidade. Claro, é possível que os funcionários do Ministério da Educação fizessem isso de maneira implacável e com resultados inconvenientes. Mas com um pouco de sensibilidade e uma disposição para negociar os detalhes não é difícil imaginar que os funcionários desempenhem bem, ou razoavelmente bem, o seu trabalho.

O que quer que o Estado fizesse, teria de fazê-lo da mesma forma para meninos e meninas, abrindo pelo menos uma perspectiva de igualdade sexual. A participação política faria o mesmo em relação tanto ao sexo quanto à idade, enfraquecendo a autoridade dos homens mais velhos. Com o voto secreto, as pessoas começariam a pensar em votar de maneira diferente do que lhes fora ordenado, e, ao votar assim, mesmo em segredo, encontrariam meios de conversar com os outros sobre seu voto. No entanto, a educação civil não questionaria diretamente o modo de vida da comunidade. Os professores pensariam nos membros como cidadãos, não como indivíduos autônomos que precisam escolher sozinhos suas crenças e costumes. Mais tarde, no decorrer de sua vida política, alguns desses cidadãos poderiam reivindicar seus direitos de autonomia – quanto maior for o seu número, talvez, mais segura estará sua comunidade na sociedade geral. E o Estado teria de reconhecer essas reivindicações. Mas não precisa antecipá-las.

Essas associações não são voluntárias; elas não são constituídas pelas escolhas livres de seus membros individuais. Podem aproximar-se do voluntarismo ou não; a própria existência de um Estado democrático provavelmente as impele nessa direção, mas cada movimento desperta a resistência. De toda forma, as comunidades tradicionalistas e fundamentalistas são o espaço de uma intensa vida comum que parece ser valorizada pela maioria dos seus participantes, mesmo que eles não a tenham escolhido. A tolerância numa democracia implica o reconhecimento dessa avaliação; penso que o igualitarismo também se beneficia desse reconhecimento, o qual seus defensores políticos expressam ao concentrar-se no grupo, bem como em seus membros individuais. Repito: nem o reconhecimento nem o foco precisa ser incondicional, mas as condições têm de ser coercitivas apenas em relação à cidadania, não ao individualismo. Não temos de forçar os indivíduos a serem livres; não devemos e, provavelmente, não podemos fazê-lo.

A coerção em si não pode ser evitada; a educação cívica tem de ser legalmente posta em vigor e tornada compulsória. E, uma vez que ela desafia as reivindicações totalizantes da comunidade religiosa ou étnica, certamente encontrará oposição. Seu objetivo é permitir ou estimular os filhos da comunidade, tantos quanto possível, a aceitar uma outra identidade, ou seja, a se perceber como participantes responsáveis e respeitados das tomadas de decisão democráticas. Os cidadãos do Estado podem dizer, sinceramente, que desejam que essas crianças *acrescentem* a cidadania a sua autopercepção religiosa ou étnica, não que substituam esta última pela primeira. Mas, de fato, existe aqui uma substituição: um tradicionalismo singular e indivisível está sendo substituído pela divisão característica da vida moderna. Se defendo e busco essa substituição, estou abandonando a tolerância?

Talvez, mas não estou defendendo a substituição completa das formas tradicionais. Não pretendo insistir que seja ensinado aos membros do grupo religioso ou tribal como criar seus próprios projetos de vida sem reproduzir o dos pais. Pretendo ser mais tolerante do que é permitido pelas versões ativistas contemporâneas do liberalismo – sem endossar todavia o modo de vida não-liberal das comunidades vorazes. Minha discussão neste capítulo gira continuamente em torno de um dilema que não consigo resolver[8].

Porém, ajuda pensar nesse dilema em termos de associação involuntária. Os grupos de que estou tratando aqui representam visões excepcionalmente fortes do involuntarismo, mas afinal o próprio involuntarismo não é tão incomum assim. Tentar torná-lo incomum seria um projeto político insano. Até mesmo o Estado liberal é, para a maior parte de seus membros, uma associação involuntária. Quando o comparamos com as várias comunidades totalizantes, isto é, quando comparamos os cidadãos com os membros dessas comunidades, devemos ser capazes de reconhe-

---

8. Para um exemplo de um liberalismo fortemente intervencionista, ver Stephen Macedo, *Diversity and Distrust: Civic Education in a Multicultural Society* (Cambridge, Mass.: Harvard University Press, 2000). Meu próprio dilema pode ser mais bem definido desta forma: procuro uma posição entre a de Moshe Halbertal e Avishai Margalit, que, em "Liberalism and the Right to Culture", *Social Research* 61, nº 3 (1994): 491, afirmam que os Estados democráticos às vezes têm "a obrigação de apoiar culturas que desprezam os direitos do indivíduo", e a posição de Amy Gutmann, que, em *Identity in Democracy* (Princeton: Princeton University Press, 2003), p. 51, defende a idéia de que os Estados democráticos devem sempre "respeitar os indivíduos como... agentes dotados de intencionalidade com igual liberdade de conduzir suas vidas como quiserem". Mas talvez não exista um espaço viável entre essas posições.

cer o valor dos compromissos acertados entre eles. Mas ainda estou raciocinando do ponto de vista dos cidadãos. Será que os grupos totalizantes reconhecem o valor do compromisso? É claro que não, e talvez por bons motivos, como explicaram os pais em meu diálogo imaginário. Historicamente, os grupos totalizantes fizeram as pazes com os compromissos inevitáveis, ou seja, com os acordos impostos coercitivamente pelo Estado. Mas eles evitam esses acordos sempre que podem. E então? É correto assumir compromissos com os intransigentes, tolerar os intolerantes?

Eis dois projetos educacionais legítimos: na prática liberal cotidiana, os pais têm o direito de tentar manter um modo de vida tradicional e total e os cidadãos têm o direito de educar os homens e mulheres jovens que logo serão responsáveis pelo bem-estar da comunidade política. A coexistência e a legitimidade simultânea desses dois direitos é o que cria as dificuldades. Em outras palavras, a democracia cria as dificuldades.

A cidadania democrática é um *status* inclusivo (de uma forma que a individualidade autônoma não é) e é também um *status* oficial, um tipo de cargo político que traz consigo importantes responsabilidades. Se os membros de uma comunidade totalizantes não fossem cidadãos, se seus filhos não fossem futuros cidadãos, não haveria problema algum. Num império multinacional ou multi-religioso, no qual todos os membros das diversas nações ou religiões são súditos imperiais cuja única responsabilidade é a obediência, o imperador tem poucos motivos para interferir nos projetos de reprodução social desenvolvidos nas escolas comunais. Não há vida comum para a qual os súditos imperiais precisem ser educados; provavelmente é de interesse do imperador que nenhuma espécie de vida comunal venha a surgir. Mas a democracia exige a vida habitual da praça pública e da assembléia, e para que o que acontece nesses lugares resulte em leis e políticas legítimas os cidadãos têm de compartilhar determinados acordos. Como diz Rousseau, os cidadãos aplicam as leis a si próprios[9]. Mas eles não podem fazer isso se diversos grupos entre eles já estão vinculados a outras leis, completamente abrangentes e que exigem um compromisso total.

Talvez esses grupos, como os *Amish* nos Estados Unidos, concordem em viver inteiramente à margem da comunidade política, sem exigir quaisquer benefícios e sem exercer nenhum dos direitos da cidadania – vivendo como exilados internos dentro do Estado[10]. A marginalização é um modo de lidar com os grupos totalizantes; se for bem-sucedida, não será exigido que eles apliquem a lei a si próprios (o que é bom, pois eles pensam que já a possuem), e, o que é mais importante, eles não poderão aplicá-la aos cidadãos de fora do grupo. Eles viverão num canto do Estado democrático, como se estivessem vivendo num imenso império.

Mas a marginalidade não resolve nem trata do problema da desigualdade. E a maioria dos grupos totalizantes está irremediavelmente engajada na comunidade política geral; alguns deles, como os ultra-ortodoxos em Israel, dependem dela economicamente. Eles encontraram diversas maneiras de abrir espaço para a negociação econômica, as manobras políticas e

---

9. Jean-Jacques Rousseau, *The Social Contract*, trad. para o inglês de G. D. H. Cole (Nova York: E. P. Dutton, Everyman's Library, 1950), livro I, cap. 8, p. 19: "A obediência a uma lei que ditamos para nós mesmos é liberdade."

10. Miller, *On Nationality*, p. 145.

os processos decisórios discretos, nem sempre admitindo o que estão fazendo. Portanto, certos tipos de negociações são realmente possíveis entre os membros de grupos e os cidadãos, entre os grupos religiosos e o Estado democrático, ainda que isso seja oficialmente proibido pelos anciãos do grupo. Ainda assim, não consigo ver uma solução desse conflito que seja baseada em princípios – uma solução que ambas as partes *tenham* de aceitar. David Miller, que escreveu de maneira bastante criteriosa sobre esses temas, afirma que a democracia pode resolver o conflito em princípio, ainda que nem sempre na prática. Imaginemos um país, diz ele, onde toda a educação formal seja de caráter secular. Então, "a afirmação de que as escolas islâmicas [são] essenciais à identidade muçulmana teria de ser avaliada por seus próprios méritos e bem poderia ser rejeitada num fórum democrático". Classificar essa rejeição como ilegítima, diz Miller, é negar a própria essência da cidadania e da democracia[11]. Bem, talvez. Mas a decisão dos cidadãos é que as escolas islâmicas não seriam essenciais para a sobrevivência muçulmana? Ou que a própria sobrevivência muçulmana não seria essencial? E de que modo os pais muçulmanos saberiam que decisões seus concidadãos haviam tomado? Duvido que a questão das escolas islâmicas possa ser decidida democraticamente; estou certo de que a questão da sobrevivência muçulmana não deve ser. O que os cidadãos podem e devem decidir é que tipo de educação e que método de estudos é indispensável para a cidadania. Se eles forem inteligentes, criarão um padrão razoavelmente minimalista, mesmo que espe-

---

11. David Miller, *Citizenship and National Identity* (Cambridge: Polity, 2000), p. 57.

rem mais. Porém, não importa o que façam, estarão apresentando um problema para os membros das comunidades religiosas, em vez de resolvê-lo.

Simplesmente não há uma resposta definitiva para os argumentos nem dos cidadãos, nem dos pais: ambos os projetos são justificáveis; um não deixa espaço suficiente para o outro. O Estado liberal democrático e a comunidade voraz podem coexistir apenas em antagonismo, pois o Estado demanda uma parte significativa da atenção e do comprometimento dos membros do grupo – e o grupo sente, provavelmente com razão, que quaisquer concessões nesse ponto serão o começo do fim. Refiro-me ao fim do modo de vida totalmente abrangente, pois é provável que versões alternativas, mais modestas ou mais liberais, possam ser preservadas.

Existem outras duas possibilidades que ainda não abordei. A primeira é o colapso da comunidade voraz, através da assimilação patrocinada pelo Estado, da pressão social da maioria ou dos efeitos cumulativos dos incentivos econômicos. Durante muito tempo, acreditou-se que toda a tendência do desenvolvimento social moderno caminharia nessa direção e que a coerção seria necessária apenas marginalmente. Parece que nos enganamos. Em muitas regiões do mundo, existe um conflito duro entre os Estados e os grupos totalizantes, com o emprego maciço do poder estatal. É preferível que haja algum tipo de adaptação, mesmo que não seja plenamente justificável para nenhum dos lados.

A outra possibilidade é o colapso da democracia, a tomada do Estado ou das instituições estatais importantes pelo grupo totalizantes – o fortalecimento por meio da vingança. Mais uma vez, refiro-me apenas ao colapso da democracia *liberal*, pois alguma versão modificada da política democrática provavelmente pode ser mantida, como no Irã atual. Imaginemos o conflito como uma luta pelo poder, na qual a segunda possibilidade esteja sempre presente. Um equilíbrio perfeito é improvável; a balança sempre penderá para um lado ou para o outro. Portanto, a pergunta que venho fazendo pode ser formulada de outro modo: para que lado inclinaríamos a balança, se pudéssemos fazê-lo? Chegamos ao que considero uma posição baseada em princípios: se o poder político está em jogo, devemos pender claramente a balança contra os grupos totalizantes. Não em nome de um liberalismo completo, mas em nome de uma decência mínima. A visão que esses grupos têm dos outros é geralmente é muito mais dura que a visão que o Estado democrático tem dos membros desses grupos. O conflito entre os dois gera horrores de ambas as partes; porém, ainda que em última análise a tolerância democrática liberal não aceite as religiões e etnias totalizantes, ela é provavelmente mais branda, menos humilhante e menos assustadora do que a outra alternativa. A democracia liberal conseguiu incluir religiões fundamentalistas e nacionalidades chauvinistas, como venho afirmando que deve fazer, mesmo que também as tenha modificado ao longo desse processo, como também deve acontecer. O fundamentalismo no poder e o chauvinismo armado têm uma probabilidade muito maior de excluir que de incluir; se por um lado isso expressa um respeito maior pelas diferenças porque reconhece a profundidade delas, por outro, tem demonstrado pouquíssimo respeito pela dignidade e pela vida do ser humano.

Essa inclinação liberal é simplesmente uma diretriz para o processo decisório numa crise política. Não resolve o problema da convivência no dia-a-dia. Para isso, não há soluções teóricas nem inferências extraídas de um conjunto de princípios, apenas uma longa e instável série de acordos. Do lado dos cidadãos, os acordos derivam do reconhecimento das realidades da associação involuntária e dos valores que ela pode gerar, e são guiados pela esperança de maior igualdade e de uma coexistência mais fácil. É claro que os acordos deixarão os membros da comunidade insatisfeitos; deixarão os cidadãos insatisfeitos também. Mas a felicidade universal não é um projeto político possível; nem a busca da felicidade é o tema inevitável da teoria política.

Nos três capítulos iniciais, defendi uma explicação sociologicamente sofisticada da vida em grupo, propus uma versão materialista do multiculturalismo e defendi uma resposta politicamente complexa às reivindicações das culturas não-liberais – tudo isso em oposição ao individualismo exagerado da teoria política liberal. No próximo capítulo, pretendo reavaliar o conceito de sociedade civil à luz desses argumentos, repetindo algumas coisas que afirmei em minha crítica da utopia perversa da livre associação. Mas a sociedade civil figura tão amplamente na literatura política atual que a repetição é perdoável. E, ainda que a explicação liberal convencional da sociedade civil seja utópica da maneira como a critiquei, ela também é descritiva: pretende ser um retrato do mundo em que vivemos, o que a expõe à censura da sociologia. Precisamos nos ocupar das realidades de nossa sociedade civil – não apenas da liberdade que ela às vezes encarna, mas também da hierarquia que ela mantém. E, em seguida, precisamos rever a explicação liberal.

CAPÍTULO QUATRO

A sociedade civil e o Estado

A sociedade civil é um termo descritivo, uma construção sociológica e um sonho liberal. O sonho é um prolongamento da teoria da associação voluntária: ele evoca um mundo que inclui todos os grupos sociais nos quais a associação é livremente escolhida e não-coercitiva – e apenas esses. A família, cujos membros não são voluntários, é excluída, assim como o Estado, que brande seu poder coercitivo sobre seus membros, embora sua legitimidade dependa do consentimento deles[1]. Entre esses dois pólos, os

---

1. Nas sociedades modernas, o próprio casamento é uma associação voluntária, ainda que envolva os parceiros com parentes que não escolheram e com responsabilidades que possivelmente ainda não entenderam. E as pessoas se afastam de suas famílias. Por esses motivos, e também pelos motivos feministas apontados por Anne Phillips em seu ensaio "Does Feminism Need a Conception of Civil Society?", em Simone Chambers e Will Kymlicka (orgs.), *Alternative Conceptions of Civil Society* (Princeton: Princeton University Press, 2002), pp. 71-89, talvez seja melhor incluir a família em nossa expli-

indivíduos autônomos formam uma miríade de associações e movem-se livremente de um grupo a outro, ou do ativismo central à passividade periférica e de volta ao ativismo. Esse é o sonho. Os indivíduos são motivados por interesse, convicção ou pela identidade cultural ou religiosa; buscam a riqueza (nas sociedades e empresas), o poder político (nos partidos e movimentos) ou a salvação (nas igrejas e congregações reunidas); ou procuram promover algum bem específico (nos grupos de interesse ou sindicatos), distribuir algum benefício geral (nas organizações filantrópicas e fundações), ou prevenir algum mal (nas organizações para a prevenção disso ou daquilo). A sociedade civil dá espaço a todos esses objetivos e inclui todas as associações resultantes em virtude do caráter livre e consensual dessas associações. Isso significa que ela abrange a política e a economia, bem como as inúmeras atividades sociais distintas de ambas.

Alguns teóricos excluiriam tudo o que acontece no mercado e às vezes também na arena política de sua explicação da sociedade civil, talvez porque não considerem tais acontecimentos como "civis". Não vejo um bom motivo para essa exclusão e adotei uma definição ampliada. Se os sindicatos, por exemplo, são incluídos, como de hábito, então por que não as empresas com as quais estão envolvidos nas negociações sobre dinheiro e segurança no emprego? Na verdade, as corporações gigantescas exercem, com freqüência, um poder semelhante ao do Estado e quase

---

cação da sociedade civil. No geral, creio que as intimidades especiais da vida familiar a tornam um caso à parte, mas defenderei, mais adiante, a inclusão de grupos do tipo familiar – as comunidades étnicas e religiosas.

coercitivo. Mas seus "membros", tanto os trabalhadores quanto os acionistas e os diretores, vêm e vão; eles são agentes livres, não apenas em princípio, mas, até certo ponto, na prática também[2]. Qualquer descrição realista da vida associativa, não importa quais grupos ela inclua ou exclua, terá de modificar a idéia de autodeterminação: até certo ponto, somos todos livres. Mesmo essa definição ampliada não é abrangente o bastante para dar conta de nossa vida associativa como ela realmente é – ou para explicar suas estruturas hierárquicas. As desigualdades duradouras da sociedade contemporânea, como venho afirmando, excluem os grupos que não são definidos, para fins práticos, como livres e consensuais, mesmo com restrições, e as categorias e ordens internas desses grupos, e entre eles, nunca são objeto de debate ou consenso. É evidente que as associações para a promoção de alguns interesses raciais ou religiosos, para a autodefesa coletiva ou para uma forma específica de expressão cultural serão incluídas nas explicações liberais convencionais da sociedade civil, uma vez que seus membros precisam filiar-se; ninguém nasce membro da Associação Nacional para o Progresso das Pessoas de Cor (NAACP, na sigla em inglês), da Liga Antidifamação ou da Organização Nacional das Mulheres (NOW, na sigla em inglês). Todavia, penso que a sociedade civil também inclui os agrupamentos não-

---

2. Para uma explicação útil, mas talvez complicada demais, da relação entre a sociedade civil e a "sociedade econômica", ver Jean L. Cohen e Andrew Arato, *Civil Society and Political Theory* (Cambridge: Mass.: MIT Press, 1992), pp. 75-82 (p. 74 para o antiestadismo convencional da teoria da sociedade civil). Ver ainda Loren Lomasky, "Classical Liberalism and Civil Society", em Chambers e Kymlicka (orgs.), *Alternative Conceptions*, pp. 90-112.

organizados que essas associações afirmam representar, aqueles nos quais as pessoas de fato nascem e dos quais se desligam apenas com dificuldade (quando conseguem), e dos quais muitas delas reconheceriam ser membros se lhes fosse pedido que "se identificassem". Esses agrupamentos fornecem a base necessária de toda atividade associativa e conferem a essa atividade sua (relativa) coerência e estabilidade.

A sociedade civil não é, portanto, uma mescla livre e indeterminada de indivíduos; seu formato depende do padrão de previsibilidade que descrevi no Capítulo 1. A raça, a religião e o sexo são, atualmente, as características mais decisivas desse padrão em sua versão americana, fornecendo pontos de referência para a política contemporânea do reconhecimento e do fortalecimento. Essa política tem de ser resolvida dentro do mundo associativo da sociedade civil. Mas a solução irá exigir de nós que desistamos do sonho de um voluntarismo perfeito. Também irá exigir uma pequena ajuda do Estado.

De acordo com a teoria liberal, todos os grupos que constituem a sociedade civil ocupam um território comum no qual os indivíduos se movimentam livremente. Devido a essa liberdade, muitos homens e mulheres são membros de diferentes associações, freqüentemente de muitas delas. Em sua disposição de "se alistar", eles não são monógamos, nem mesmo monógamos seriais; são pluralistas seriais. Esse pluralismo é decisivo para a atratividade da sociedade civil. As associações múltiplas e sobrepostas geram uma coexistência pacífica, ainda que altamente contenciosa; elas unem todos os grupos (talvez fosse melhor dizer: todos os seus membros individuais), criando algo maior e mais abrangente que qualquer um desses grupos. Essa entidade maior ainda é um agrupamento particular, qual seja, a sociedade civil de um país, definida (mas não absolutamente) por suas fronteiras políticas. Alguns grupos ultrapassam essas fronteiras, como a Igreja Católica, a Internacional Socialista ou alguns movimentos sociais recentes como o ambientalismo e o feminismo, mas estes provavelmente têm ramificações locais que assumem as características de uma sociedade civil específica. Os católicos irlandeses e franceses, por exemplo, são caracteristicamente diferentes entre si, assim como os socialistas franceses e alemães. A associação voluntária (e involuntária) ocorre principalmente entre os membros de uma comunidade política.

Se houvesse uma "série" sartreana de grupos, um conjunto de associações sem vínculo entre si, sem sobreposição, sem quaisquer idas e vindas ou movimentação de membros entre os grupos, com um diálogo mínimo através das fronteiras, não chamaríamos isso de sociedade civil[3]. E se houvesse uma regra, ainda que implícita e inexeqüível, que estabelecesse que cada pessoa poderia pertencer apenas a uma associação ou conjunto de associações – devido à sua classe social, talvez, ou à sua identidade religiosa, ra-

---
3. Para uma explicação da idéia de serialidade de Jean-Paul Sartre mais acessível que a dele próprio, ver R. D. Laing e D. G. Cooper, *Reason and Violence: A Decade of Sartre's Philosophy, 1950-1960* (Nova York: Pantheon, 1971), pp. 112 ss. Um grupo serial é uma "pluralidade de solidões [individuais]". Imagino a sociedade civil como uma pluralidade de solidões coletivas, caso no qual o pluralismo liberal não funciona – por razões habilmente retratadas em Adam Seligman, *The Idea of Civil Society* (Nova York: Free Press, 1992), esp. cap. 4.

cial ou sexual –, a sociedade daí resultante não seria civil no sentido liberal do termo. A filiação seria uma armadilha, mesmo que formalmente ainda fosse uma escolha. Isso não quer dizer que essa sociedade serial seria uma simples agregação de umas tantas organizações de classe e comunidades religiosas, por exemplo, sem vínculos de nenhuma espécie entre elas. O mais provável é que as associações exclusivas produzissem práticas profundamente hostis, de maneira que a "civilidade" não existiria ou estaria permanentemente em risco.

A sociedade civil realmente inclui associações intolerantes e não-liberais – os grupos vorazes e totalizantes que examinei anteriormente. Eles não dominam o mundo associativo, mas são importantes dentro dele. E eles organizam sua vida comum contra o plano de fundo dos agrupamentos não-organizados, não escolhidos e categoriais, que normalmente definem não apenas a identidade, mas o *status* social também, e que não encorajam as idas e vindas. Uma explicação sociologicamente sofisticada e politicamente útil da sociedade civil deve de alguma forma abranger tudo isso, mesmo se os grupos e agrupamentos forem, como freqüentemente são, inimigos da liberdade e do pluralismo[4].

É claro que os indivíduos têm o direito de dedicar todo o seu tempo e energia a um só grupo se estiverem dispostos a isso, e é o que muitos deles fazem, mesmo ao escolher grupos que não exigem esse tipo de dedicação. Mas numa sociedade aberta, sem hie-

---

4. Sheri Berman, "Civil Society and the Collapse of the Weimar Republic", *World Politics* (abril de 1997): 401-29; Lewis A. Coser, *Greedy Institutions: Patterns of Undivided Commitment* (Nova York: Free Press, 1974).

rarquias de classe rígidas ou segregação racial, religiosa ou sexual sistemática, a maioria das pessoas não faz isso. Parece justo dizer que, historicamente, o liberalismo contribuiu para a pluralidade e para a distribuição do tempo e da energia. No entanto, nem os grupos exclusivos, nem os agrupamentos não-organizados e categoriais desapareceram, como os teóricos liberais esperavam que acontecesse. A raça, a religião, a etnia, a classe e o sexo – todos esses elementos continuam a dar origem a identidades e instituições que conseguem sustentar-se, às vezes nas margens, às vezes no próprio centro da sociedade civil. Mas os valores do liberalismo não são antitéticos a tudo que é categorial, não-escolhido, imposto e exclusivo? E, considerando-se a liberdade da sociedade civil, esses valores não irão, a longo prazo, ter como efeito a corrosão das fidelidades originais e o enfraquecimento dos grupos vorazes? Tendo a oportunidade de escolher com liberdade e freqüentemente, quem não o faria? E como poderiam escolhas desse tipo reproduzir os tribalismos herdados que fazem parte da sociedade civil contemporânea? Talvez seja apenas o horizonte temporal da expectativa liberal que precise ser revisto.

Pensemos sobre como os valores liberais poderiam estabelecer-se, não a curto prazo, mas firmemente, ao longo de décadas ou séculos. A sociedade civil é, repito, uma esfera de liberdade de escolha e participação voluntária[5]. Da primeira, costuma-se dizer que

---

5. Para uma lista mais completa e teoricamente específica dos valores da sociedade civil, ver Jean L. Cohen e Andrew Arato, *Civil Society and Political Theory*, cap. 8 sobre a "ética do discurso" . Cf. o ensaio de Simone Chambers, "A Critical Theory of Civil Society", em Chambers e Kymlicka (orgs.), *Alternative Conceptions*, pp. 90-112.

é inimaginável em sua ausência. De fato, é fácil imaginar indivíduos escolhendo cônjuges, digamos, ou também empregos e profissões, num mundo com pouco ou nenhum pluralismo associativo. Contudo, nesse caso não haveria uma versão mais generalizada da liberdade de escolha, e a versão generalizada é muito atraente. A sociedade civil torna possível escolher não apenas entre as vidas individuais possíveis, mas também entre padrões de cooperação econômica, entre ideologias políticas e crenças religiosas, e entre "formas de vida" complexas – num processo contínuo. Dentro da sociedade civil, os indivíduos podem ligar-se a uma grande variedade de grupos ou deixá-los. Nesses grupos, eles podem estabelecer laços mais ou menos fortes com seus companheiros e dedicar mais ou menos tempo e energia ao trabalho cotidiano de organização, aos debates, comemorações coletivas, reuniões de comitê, eventos sociais e assim por diante. É claro que a experiência de escolher entre todas essas possibilidades irá enfraquecer gradualmente os antigos laços de nascimento e sangue, bem como os costumes restritivos das comunidades religiosas e étnicas. Ainda que atualmente apenas alguns indivíduos façam essas escolhas, será que suas vidas não parecerão mais interessantes aos indivíduos sedentários, cautelosos e reprimidos? Será que seu número não crescerá?

Uma sociedade civil mais aperfeiçoada exige homens e mulheres interessantes, com muita disposição e liberdade para escolher entre suas muitas alternativas, mas também exige homens e mulheres prontos para tolerar as escolhas dos outros – ou os outros não serão livres por muito tempo. Portanto, precisarei contar uma história mais elaborada sobre como os valores liberais triunfam no mundo associativo. E então terei de explicar por que esse triunfo tende a ser radicalmente incompleto, mesmo a longo prazo.

A cidadania democrática deve fazer parte dessa história sobre a liberdade de escolha, a participação voluntária e a tolerância mútua. Na qualidade de membros da comunidade política, os cidadãos são convidados a unir-se a seus companheiros na tarefa pública litigiosa de aplicar a lei a si próprios. Alguns deles de fato se unem, comprometendo-se localmente ou nacionalmente em nome de um certo conjunto de interesses ou convicções políticas. Porém, o que Aristóteles chamou de "amizade" entre os cidadãos é diluído no Estado moderno, e para a maioria dos amigos-cidadãos a participação reduz-se ao mínimo de votar na época das eleições. As agências e assembléias oficiais raramente desempenham um papel central em sua vida cotidiana (a não ser que eles sejam soldados, burocratas ou políticos). A experiência concreta das solidariedades livremente escolhidas, da cooperação voluntária com outras pessoas e da aquisição dos diferentes tipos de competência associados ao trabalho cooperativo – essas ocorrem, na maioria das vezes, nos grupos que compõem a sociedade civil.

Os teóricos políticos às vezes descrevem esses grupos como escolas para os cidadãos, como se seu valor fosse apenas preparatório ou instrumental[6]. De fato, eles podem servir como escolas, e a maioria dos

---

6. A versão clássica dessa discussão encontra-se em A. D. Lindsay, *The Modern Democratic State* (Londres: Oxford University Press, 1943), cap. 10. Lindsay, contudo, revela-se mais disposto que alguns teóricos posteriores a reconhecer o valor intrínseco, bem como instrumental, da vida associativa (especialmente da "pequena sociedade religiosa", na qual, afirma, a democracia teve origem).

estudos sobre a participação política sugere que há uma ligação entre o engajamento na política oficial, por um lado, e na sociedade civil, por outro, embora a direção causal dessa ligação seja duvidosa. Os homens e mulheres ativos tendem a ser ativos em toda parte[7]. Mas provavelmente também é verdade, para a maior parte deles, que seus envolvimentos mais gratificantes, aqueles nos quais eles tendem a trabalhar mais próximos de outras pessoas, conquistar algo que valorizam e reconhecer-se nessas conquistas, são os envolvimentos que acontecem nas igrejas, sindicatos, movimentos ou organizações de auxílio mútuo – ou seja, na sociedade civil, e não no Estado.

Esses envolvimentos levam as pessoas a entrar em conflito umas com as outras, exatamente como acontece no engajamento partidário dentro das agências e assembléias oficiais. Mas a intensidade é maior na sociedade civil, que é um espaço de diferença e de fragmentação e, portanto, um espaço de conflito e de competição entre causas, grupos de interesse, empresas, partidos e até mesmo igrejas e entidades filantrópicas. Às vezes, a competição é pelo poder e influência; às vezes, por dinheiro ou filiados; ela pode refletir discordâncias programáticas ou apenas rivalidades pessoais. Mas não há como evitá-la, e talvez uma das coisas mais importantes que as pessoas aprendem na sociedade civil seja a convivência com as muitas formas diferentes de conflito social[8].

---

7. Ver Gabriel A. Almond e Sidney Verba, *The Civic Culture: Political Attitudes and Democracy in Five Nations* (Boston: Little, Brown, 1963) – o estudo pioneiro, bastante imitado e quase sempre confirmado desde a sua publicação.

8. A respeito do valor positivo do conflito, ver Lewis A. Coser, *The Functions of Social Conflict* (Glencoe, Ill.: Free Press, 1956).

A vida é mais fácil quando não há apenas um conflito dominante, abrangente, entre grupos exclusivos – e essa provavelmente é uma condição indispensável para a existência tanto da política liberal quanto da sociedade civil. Sob condições normais de competição e poder compensatório, o que os participantes vivenciam é algo às vezes doloroso, às vezes estimulante, e com freqüência entediante e sem graça – a vitória ou a derrota, geralmente em pequena escala, e os longos dias entre elas, seguidos novamente da vitória e da derrota, pois a disputa é permanente e nenhum resultado é final. Mas há muitos conflitos e, mais uma vez, a experiência liberal depende da experiência do pluralismo. As mesmas pessoas estão envolvidas de forma diferente nos diversos conflitos, e idealmente ninguém é sempre vitorioso ou derrotado. Ainda que os protagonistas partam de uma certa visão religiosa ou política de uma sociedade civil totalmente coerente, habitada apenas por pessoas semelhantes a si próprias, a maioria deles chega lentamente à conclusão de que os propósitos que apóiam e as crenças que defendem não são e jamais serão universalmente apoiados ou defendidos. Eles são forçados a levar em conta, e talvez, com o tempo, a entender, a oposição dos outros (mas estes não são sempre as mesmas pessoas).

A sociedade civil é, de fato, uma escola – que defende a coexistência competitiva e a tolerância, ou seja, a civilidade. Ao mesmo tempo, é uma escola que defende a hostilidade e, às vezes, o fervor, mas essas paixões agem no sentido de fechar a sociedade civil; na medida em que falham nesse objetivo, seus protagonistas descobrem que não têm outra opção senão conviver com homens e mulheres de quem discordam, mas que não podem nem eliminar nem subjugar. Gradualmente, as ideologias totalizantes e as identidades singulares dão lugar a uma política de acomodação, até mesmo a certo grau (limitado) de reconhecimento mútuo, o que por sua vez abre oportunidades para os compromissos individuais que transcendem as fronteiras de grupo. No fim, a tolerância com relação à liberdade de escolha dos outros acaba vencendo, ainda que seja apenas por causa do cansaço de seus adversários. Assim, os valores liberais irão determinar gradualmente os hábitos da sociedade civil. As associações involuntárias jamais desaparecerão; os grupos vorazes continuarão a fazer suas reivindicações; mas a sociedade civil não será dominada por eles. Ela será um lar para os defensores da liberdade e do pluralismo: para seus projetos cooperativos, seus envolvimentos, rompimentos e conflitos. O que era utópico no princípio tornar-se-á, e deverá se tornar, a realidade cotidiana.

Mas isso também é um sonho. Realmente vale a pena lutar pela liberdade e pelo pluralismo, mas sua realização é muito mais complexa do que o voluntarismo liberal dá a entender. Elas são continuamente ameaçadas pelas profundas desigualdades da sociedade civil.

O processo de desenvolvimento dos valores liberais não se inicia sozinho nem é auto-sustentável. A sociedade civil não pode tornar-se um lar para a liberdade ou o pluralismo sem a ação do Estado. O cansaço que ajuda a promover a tolerância, para tomar o exemplo mais simples, depende hoje do Estado democrático (assim como dependia do Estado absolutista no passado), o qual tem de ficar em torno do ringue e certificar-se de que os conflitos internos da sociedade civil nunca terminem com a subordinação radical de nenhum dos participantes, e que as regras de civilidade, ao menos numa versão minimalista, sejam mantidas. Contudo, não basta apenas ficar em torno do ringue. Ainda que a vitória de um grupo dominante não seja absoluta e permanente, uma vez que o esforço contra esse grupo sempre pode ser renovado, a vitória repetida de um mesmo grupo também ameaça os valores liberais. E a vitória repetida é uma definição melhor da dominação e uma descrição mais exata do que de fato acontece no mundo social. Por outro lado, o pluralismo depende de uma certa igualdade, pelo menos entre alguns dos grupos concorrentes (ou coalizões de grupos) – no mesmo sentido que adotamos ao falar sobre times de beisebol, ou seja, que qualquer um deles pode vencer em qualquer dia. Não é necessário apenas que diferentes grupos ou coalizões se envolvam nos conflitos em andamento; também é preciso que mais de um deles esteja na disputa com chances de vitória. E, porque apenas o Estado pode garantir que nenhum grupo ou coalizão seja permanentemente excluído dessa disputa realista, os representantes do Estado não podem simplesmente assistir à luta; eles têm de intervir em nome dos grupos mais fracos.

Na maior parte do tempo, contudo, eles não agem assim. Na maior do tempo, o Estado é, como afirmou Marx, o comitê dominante dos grupos mais fortes. A sociedade civil não é uma esfera genuinamente pluralista; é menos que isso. Ou algo mais desagradável: é provável que alguns membros dos grupos dominantes e dos grupos excluídos partam para uma política xenófoba e criem associações bastante ameaçadoras. A lógica da aceitação mútua depende de um pluralismo que funcione, *grosso modo*, de maneira igualitária[9].

De modo semelhante, uma versão eficaz da liberdade individual requer um grau significativo de igualdade dentro dos diversos grupos, entre seus membros. Contudo, muitos dos grupos incluídos numa sociedade civil pluralista estão organizados hierarquicamente; muitos deles impõem ativamente a desigualdade, principalmente entre homens e mulheres e também entre velhos e jovens. Essas desigualdades são características não apenas de alguns grupos dominantes, mas também de alguns grupos fracos e marginais, nos quais poderíamos esperar que surgisse uma inclinação mais igualitária. Especialmente nas comunidades religiosas e étnicas tradicionalistas, a liberdade e a mobilidade dos membros subordinados, das mulheres principalmente, são radicalmente reprimidas. Embora pudesse agir em nome desses membros subordinados, na maior parte do tempo o Estado apóia as elites dominantes. Quando isso acontece, a sociedade civil não representa a esfera da liberdade.

Se o sonho da sociedade civil fosse nosso estado desperto, se o voluntarismo fosse o princípio verdadeiro e efetivo da vida associativa, tanto as desigualdades internas quanto as externas que acabei de descrever jamais surgiriam. Na sociedade civil perfeita de nosso futuro prometido (que seria algo como um mercado perfeito), não haveria grupos ou indivíduos inferiores,

---

9. Essa questão é tratada de maneira proveitosa em Simone Chambers e Jeffrey Kopstein, "Bad Civil Society", *Political Theory* 29, n.º 6 (dezembro de 2001), pp. 838-65.

tampouco a supressão das oportunidades ou a negação de direitos – pois os homens e as mulheres simplesmente não se afiliariam a associações nas quais, ou devido às quais, fossem sistematicamente subordinados, ou as abandonariam assim que possível. As mulheres se afastariam da Igreja Católica, do islã, do judaísmo ortodoxo e de qualquer coletivo tribal ou aborígine no qual lhes fossem negadas oportunidades iguais; os judeus seriam assimilados pela tendência social dominante (qualquer que fosse ela); os negros se manteriam à parte dessas associações (se conseguissem) e assim por diante. A lista de possíveis fugas é muito longa, e o mundo associativo certamente seria diferente se todas elas se consumassem; ele seria menos assolado por conflitos e muito menos diverso. Talvez ainda houvesse muitas associações, mas elas todas se pareceriam. O Estado não teria o que fazer na sociedade civil. Deveria ser este o nosso objetivo – tornar a ação do Estado permanentemente desnecessária? Aqui entra de novo a utopia da associação voluntária e da mobilidade individual: quanto mais livres forem os homens e mulheres para movimentar-se e quanto mais grupos houver para os quais eles possam fugir, mais difícil se tornará manter a sujeição ou a hierarquia.

Venho afirmando desde o início que essa sociedade civil perfeita é um sonho impossível. O plano de fundo inevitável da associação involuntária, a socialização necessária das crianças, a lealdade ou a inércia dos membros – tudo isso explica essa impossibilidade. No entanto, os teóricos liberais têm dificuldade em abandonar esse sonho. Talvez devêssemos fazer da liberdade de escolha e da mobilidade radical uma noção reguladora. Talvez devêssemos trabalhar com perseverança por uma sociedade civil na qual as desigualdades da vida associativa fossem finalmente abolidas, todos os indivíduos fossem emancipados e nenhum grupo fosse fortalecido ou precisasse ser fortalecido, mesmo sabendo que jamais conseguiremos alcançar uma sociedade assim. Para começar, talvez pudéssemos tornar tão fácil quanto possível, na sociedade tal como a conhecemos, para os indivíduos mudar de um grupo para o outro. Não deveria ser este o nosso objetivo? E por que não haveria de ser?

Estas são as clássicas questões de "saída, voz e fidelidade", e vou reafirmar, de maneira sintética, a resposta sugerida por Albert Hirschman em seu livro assim intitulado[10]. As pessoas mais ativas e independentes certamente sairão primeiro, e nos grupos que ficam para trás as vozes discordantes e de protesto, bem como a capacidade de reforma interna, serão radicalmente diminuídas. As pessoas que não conseguirem ou não quiserem fugir – e haverá muitas delas – ficarão numa posição significativamente mais fraca. É por isso que a fidelidade tem de ser um valor central de qualquer vida associativa respeitável. Podemos imaginar uma liberdade quase absoluta, como aquela defendida por Robert Everard, radical inglês do século XVII, quando disse a Oliver Cromwell que "fossem quais fossem as esperanças e compromissos que me vinculassem, caso Deus viesse a revelar-se eu os romperia prontamente, ainda que à razão de cem por dia"*.

---

10. Albert O. Hirschman, *Exit, Voice, and Loyalty: Responses to Decline in Firms, Organizations, and States* (Cambridge, Mass.: Harvard University Press, 1970).

* *"whatsoever hopes or obligations I should be bound to, if afterwards God should reveal himself, I would break it speedily, if it were a hundred a day"*. (N. da T.)

Mas não podemos imaginar um conjunto atraente de associações ocupado e mantido por pessoas como Everard. A reação de Cromwell justifica-se inteiramente: os vínculos não devem ser rompidos sempre que alguém imagina que seus escrúpulos pessoais são avisos de Deus[11]. Quando educamos nossos filhos para ser membros de um grupo ou associação específicos, geralmente pretendemos ensinar-lhes uma fidelidade mais sólida do que a que Everard admite – não apenas para que o grupo sobreviva ao longo do tempo, mas também para que possa ser reformado desde dentro. E isso é válido ainda que reconheçamos a pluralidade dos grupos a que pertencemos e a pluralidade (diferente) a que nossos filhos irão pertencer. Queremos que eles entendam tanto os deveres da associação quanto o direito de afastamento.

Na verdade, esse entendimento é amplamente compartilhado, o que é, uma vez mais, um motivo importante pelo qual o mundo social não pode ser explicado como a obra de indivíduos autônomos e a razão pela qual jamais existirá uma sociedade civil perfeita (não mais do que jamais existirá um mercado perfeito). As associações voluntárias coexistem com as involuntárias; os homens e mulheres que escolheram estar onde estão ladeiam homens e mulheres que permaneceram nos lugares onde se descobriram. Apesar das atrações da liberdade de escolha e da agitação das idas e vindas, os apelos da filiação e do pertencimento ao grupo, da tradição e do hábito, e até

---

11. A. S. P. Woodhouse (ed.), *Puritanism and Liberty* (Londres: J. M. Dent and Sons, 1938), parte I: "The Putney Debates", p. 34. Discuto esse diálogo em *Obligations: Essays on Disobedience, War, and Citizenship* (Cambridge, Mass.: Harvard University Press, 1970), pp. 196-7.

mesmo da desigualdade e da autoridade são muito fortes. Os teóricos políticos liberais apenas começaram a compreender isso.

Devido à "previsibilidade" freqüentemente não-liberal e hierárquica da sociedade civil, quaisquer versões da liberdade e do pluralismo só serão possíveis se forem uma conquista *política*; elas não serão alcançadas pela ação solitária dos indivíduos, nem mesmo pela cooperação voluntária, por maior que seja o espaço de tempo transcorrido. E essa política só pode ser levada a cabo e promovida por um agente. Entre os grupos e no interior deles, no topo ou na base da hierarquia de *status*, a ação do Estado é necessária para que a sociedade civil funcione.

Mas essa ação do Estado tem de assumir uma forma complexa, pois a liberdade e o pluralismo às vezes entram em conflito entre si. A essência inclusiva do pluralismo estende-se a grupos que não são favoráveis às concepções liberais de liberdade. Ao mesmo tempo, o comprometimento com a liberdade suscita questões precisamente sobre essa extensão do pluralismo. O Estado liberal preside uma união social de uniões sociais que incorpora, e até mesmo protege, as associações não-liberais. Diante dessa aparente contradição, a reação liberal mais comum tem sido a de minimizar o papel do Estado, insistindo em sua neutralidade, recusando-se a distinguir entre as várias associações diferentes, permitindo que elas prosperem se puderem – partindo do pressuposto de que só irão prosperar se satisfizerem as necessidades e as aspirações de seus membros[12]. Mais recentemente, pres-

---

12. Acerca da neutralidade liberal perante a sociedade civil, ver Lomasky, "Classical Liberalism and Civil Society", pp. 54-8.

sionados pelas autoras feministas (que refutam esse pressuposto com razão), alguns teóricos liberais ampliaram o papel do Estado, de forma que o liberalismo tornou-se algo parecido com uma ideologia totalizante, voltada para o estabelecimento universal da autonomia individual e da liberdade de asssociação[13]. Cada um desses pontos de vista enfatiza apenas um dos valores da sociedade civil. Parece-me que a questão é manter o equilíbrio entre liberdade e pluralismo. É preciso incluir o Estado – mas somente até esse ponto.

Consideremos, em primeiro lugar, a hierarquia dos grupos. A sociedade civil reflete a desigualdade dos grupos, quer inclua as associações de mercado, quer não; se deixada por sua própria conta, é provável que ela reforce e aumente os efeitos dessa desigualdade. Isso ocorre porque todo grupo organizado é também uma mobilização de recursos: o grupo é mais forte na razão direta dos recursos trazidos por seus membros. Quanto mais forte o grupo, maior sua capacidade de aumentar o impacto dos recursos que arrecada. Vem daí uma regra geral da sociedade civil: são seus membros mais fortes que se fortalecem ainda mais[14]. Tanto os membros mais fracos como os mais

---
13. Ver, por exemplo, os livros e artigos de Susan Moller Okin e Stephen Macedo já citados.
14. Encontrei pouco reconhecimento desta regra na literatura sobre a sociedade civil. Ela não é abordada, por exemplo, em Jean L. Cohen e Andrew Arato, *Civil Society*; Adam Seligman, *The Idea of Civil Society*; ou John Keane *Democracy and Civil Society* (Londres: Verso, 1988). As autoras feministas tendem a compreender melhor essa regra. Ver, por exemplo, Carole Pateman, "The Fraternal Social Contract", em John Keane (org.), *Civil Society and the State* (Londres: Verso, 1988), pp. 101-27; e Anne Phillips, "Does Feminism Need a Conception of Civil Society?".

pobres são incapazes de organizar-se – são excluídos ou marginalizados – ou formam grupos que refletem sua fragilidade e sua pobreza. Naturalmente, esses grupos também podem servir, até certo ponto, para tornar seus afiliados menos fracos e pobres. Os números são um recurso poderoso na democracia, e a sociedade civil abre espaço para mobilizações de massa que, em determinadas conjunturas históricas, podem dar nova forma às hierarquias existentes baseadas na riqueza e no poder. Mas essas mobilizações são raras, em parte porque tendem a exigir a assistência do Estado democrático para ser bem-sucedidas (como o movimento trabalhista americano precisou da Lei Wagner e da National Labor Relations Board [Conselho Nacional de Relações do Trabalho]).

Na falta dessa assistência, o maior perigo da sociedade civil – sua exclusão – freqüentemente se concretiza. Os benefícios da associação são captados por aqueles cidadãos que já possuem o tempo e a verba necessários para formar organizações fortes, bem como a educação e a competência necessárias para dirigi-las com eficiência. Às vezes, quando isso acontece, os cidadãos pobres e os membros dos grupos estigmatizados são simplesmente reduzidos ao anonimato e ao silêncio; tornam-se homens e mulheres invisíveis, e o pluralismo da sociedade civil é radicalmente reduzido. Mas um outro resultado é possível devido à natureza multicultural desconfortável da sociedade civil contemporânea, sociedade na qual as divisões cruciais refletem não apenas a diferença de classe, mas também as diferenças racial, religiosa e sexual, bem como os pontos em que essas diferenças coincidem parcialmente. Essa é a política da identidade e do reconhecimento, a qual considero (embora ela não o seja necessariamente) a política dos despossuídos da sociedade civil[15]. Ela é, como afirmei anteriormente, uma política igualitária, embora não seja suficientemente eficaz para atender a suas finalidades. Os homens e mulheres que não conseguem mobilizar recursos para uma defesa bem-sucedida de seus interesses, ou para fazer vigorar satisfatoriamente seus valores culturais, vivem não apenas com uma sensação de privação, mas também de desrespeito. Geralmente pensamos no *status* e na reputação como atributos do indivíduo, talvez também da família, e imaginamos que o conflito na sociedade civil tenha uma finalidade maior, de natureza material ou ideológica. Mas quando os membros dos grupos excluídos ou marginalizados são oprimidos devido à sua filiação seu lugar no mundo é uma questão coletiva, não individual: eles ficam em pé ou caem juntos. Sua condição coletiva pode sugerir a necessidade de políticas redistributivas destinadas a proporcionar aos indivíduos recursos e oportunidades – a fim de libertá-los de sua identidade ou, pelo menos, das condições que não escolheram (esta seria a opção emancipatória). Todavia, por motivos morais e psicológicos bastante aceitáveis, a privação coletiva também conduz a uma defesa política das identidades desvalorizadas, a qual se articula sob a forma de uma exigência de respeito – uma representação, no pronome plural, da velha insistência americana na igualdade: "Trate-me por senhor!"[16]

---

15. Ver Charles Taylor, *Multiculturalism and "The Politics of Recognition"*, Amy Gutmann (org.) (Princeton: Princeton University Press, 1992).
16. "Trate-me por senhor!" era, originalmente, uma reação ao uso de "garoto" no trato com os homens negros; obviamente, há versões feministas, talvez não tão sucintas.

Apenas em algumas ocasiões a política de identidade visa diretamente o Estado – como acontece quando um grupo subordinado com uma base territorial estabelecida exige a autonomia ou a secessão. Quando os grupos estão dispersos, como geralmente acontece nas sociedades imigrantes e, cada vez mais, nos Estados nacionais, a exteriorização da exigência por respeito ocorre principalmente na sociedade civil – e de maneira mais significativa na escola; porém, como já examinei a educação dos membros e cidadãos, irei concentrar-me na vida associativa de forma geral. A política de identidade intensifica, e muito, os conflitos normais da sociedade civil, pois torna as diferenças raciais, religiosas e sexuais um problema em cada ponto onde são vivenciadas, nos encontros e conversas cotidianas, na concorrência entre os grupos, no autogoverno e na vida interna das associações. O discurso do ódio e o "politicamente correto" são especialmente controversos na sociedade civil, mesmo quando o Estado é chamado para lidar com essas questões. Não creio que alguém tenha reunido estatísticas sobre o assunto, mas aposto que as questões de representação de grupo surjam, no mínimo, com tanta freqüência nas associações civis quanto no serviço público do Estado, e provavelmente sob formas que envolvem mais gente. É provável que as reivindicações pelo reconhecimento público da existência, das conquistas e necessidades dos grupos minoritários se manifestem com mais freqüência nas empresas, sindicatos, igrejas, partidos, organizações filantrópicas, associações profissionais e outros que em cenários mais oficiais. Quando os homens e as mulheres procuram formas de afirmar a própria dignidade, o fazem mais na qualidade de trabalhadores, crentes ou vizinhos que na de cidadãos. As patologias dessa busca são vivenciadas mais como distorções da vida cotidiana que como distorções da cidadania; os benefícios, se os houver e quando houver, são mais associativos que políticos.

É necessário lidar com os problemas da desigualdade na sociedade civil, que é uma esfera de desigualdade. Como conseguir isso? Duas respostas diferentes para essa questão surgiram nos debates recentes. A primeira é a obra dos intelectuais neoconservadores, mas reflete um liberalismo quase clássico. Sustenta que "nós" não devemos fazer nada; cada homem e mulher deve assumir a responsabilidade por sua própria vida – não apenas individualmente, mas também em associações (voluntárias), aglutinando recursos, valendo-se da força numérica para obter resultados, agindo em benefício próprio. Sob este ponto de vista, a vida associativa da sociedade civil é autocorretiva. E, ainda que as correções levem muito tempo, o trabalho que isso exige é moralmente, e talvez também espiritualmente, algo que eleva; ele desenvolve o caráter. Portanto, devemos simplesmente dar um passo atrás e não interferir nas atividades egoístas dos homens e mulheres ocupados em criar e reformar livremente as organizações de que necessitam[17].

O segundo argumento é igualitário ou socialdemocrata. Seus defensores geralmente exigem a ação do Estado, como tenho feito. Sob este ponto de vista, o Estado deve ter, como meta prioritária, a responsabilidade de estimular e apoiar as organizações indispensáveis, de modo que realmente se organizem, o

---

17. Esse ponto de vista é defendido de uma forma clássica em Loren Lomasky, "Classical Liberalism and Civil Society".

que não costuma acontecer sem algum tipo de assistência externa. Em segundo lugar, o Estado deve responder às exigências que as organizações certamente farão quanto à redistribuição de recursos – diretamente, através do sistema de impostos, ou através da educação, do treinamento profissional, da discriminação positiva, dos direitos aos benefícios sociais e assim por diante.

Num certo sentido, talvez ambos os pontos de vista estejam certos, mas somente se forem tomados em conjunto. A ação do Estado não pode substituir o funcionamento espontâneo da sociedade civil, mas a sociedade civil não funciona sem a ação do Estado. A distribuição da responsabilidade é, como costumávamos dizer, dialética.

Poderemos refletir melhor sobre como essa dialética funciona se analisarmos a base econômica da sociedade civil. Até agora, descrevi as associações como mobilizadoras dos recursos de seus membros. Essa é uma descrição correta, mas deixa muito de lado; por exemplo, no caso americano, ignora pelo menos metade da verba distribuída por muitas associações. Esse dinheiro vem do Estado, mas vem numa grande diversidade de formas, às vezes disfarçado. Vem, por exemplo, sob a forma de isenções de impostos para doações filantrópicas e organizações sem fins lucrativos (isenções que não são registradas no orçamento das organizações que gastam esses recursos, embora sem elas houvesse muito menos dinheiro para gastar). Vem sob a forma de subsídios e subvenções, transferências casadas e empréstimos a juros baixos, serviços prestados pelo Estado (incluindo serviços de regulação) e direitos pagos pelo Estado, em nome dos indivíduos, a serviços privados de saúde e assistência social (com freqüência, comunidades religiosas)[18]. Num discurso famoso, o primeiro presidente Bush falou sobre as associações voluntárias como "pontos de luz" na sociedade americana, como se no governo, em contraste, reinasse a escuridão. Na verdade, haveria pouquíssima luz se o Estado não organizasse e mantivesse a rede elétrica e subsidiasse os custos de energia.

Em princípio, esse financiamento estatal deveria ter efeitos equalizadores sobre a sociedade civil, mas só terá esses efeitos se eles fizerem parte de seu projeto. As desigualdades da vida associativa são também desigualdades de poder e de competência políticos e, portanto, de acesso ao dinheiro dos impostos. Algumas pessoas de alguns grupos sabem melhor do que as outras como obter esse dinheiro – em parte devido às pessoas que conhecem e às redes de contatos nas quais estão situadas, e em parte devido ao que sabem sobre o funcionamento do sistema. Portanto, não basta simplesmente dizer às pessoas que se organizem e ponham mãos à obra, embora isso certamente seja bom de dizer. Também é necessário garantir que a assistência proporcionada pelo Estado à vida associativa seja direcionada, antes de mais nada, às associações mais fracas.

Afirmei previamente que se essas associações, que são, em sua maioria, de grupos minoritários, fossem fortalecidas e capacitadas o bastante para prover serviços culturais e de assistência social a seus membros,

---

18. Para uma explicação dos usos do dinheiro dos impostos pelas organizações religiosas, ver Dean M. Kelley, *Public Funding of Social Services Related to Religious Bodies* (Nova York: Institute of Human Relations, American Jewish Committee Task Force on Sectarian Social Services and Public Funding, 1990).

as patologias da política de identidade (ressentimento, ódio e chauvinismo estreito) praticamente desapareceriam, ressurgindo de quando em quando somente nas margens de política. Uma vida associativa forte é uma conquista da qual as pessoas se orgulham e que inspira respeito no mundo mais abrangente, mesmo que exija a ação do Estado (afinal, todos recebem a ajuda do Estado). Mas isso ainda não é um programa, apenas uma esperança; a ajuda do Estado chega àqueles que a exigem; a exigência eficaz requer organização, e alguns grupos são mais capazes de se organizar do que outros. Anunciar um princípio de assistência igualitária – para ajudar os grupos mais fracos em primeiro lugar – é muito menos difícil que descrever o processo pelo qual esse princípio se concretizaria. O que é mais indispensável de imediato é proporcionar suporte legal e aconselhamento profissional àqueles grupos cujas exigências não são eficazes no momento.

Não creio que todas as organizações das pessoas vulneráveis devam ser subsidiadas ou assistidas pelo Estado liberal. Tratarei mais adiante dos problemas apresentados pelos grupos não-liberais. Como as reivindicações do dinheiro dos impostos arrecadados dos cidadãos de uma democracia devem ser justificadas perante esses cidadãos, as organizações que as fazem devem ter, ainda que minimamente, um "caráter cidadão".

O Estado e a sociedade civil lembram o ovo e a galinha. Nenhum movimento significativo em busca de maior igualdade jamais foi feito sem a ação do Estado, mas os Estados não agem de modo igualitário a menos que pressionados nesse sentido por mobilizações que só podem ocorrer na sociedade civil – mobilizações essas que já representam um movimento em busca de maior igualdade. Vale citar o exemplo da mobilização dos batistas negros no movimento americano dos direitos civis, no início dos anos 1960. Se fôssemos contar essa história procurando padrões de causalidade, como fazem os historiadores, por onde deveríamos começar? Pelas decisões da Suprema Corte e decretos presidenciais ou pelos boicotes dos ônibus e protestos estudantis? Na capital Washington, em Montgomery, Alabama, ou em Raleigh, Carolina do Norte? No escritório de um legislador ou no porão de uma igreja? Mesmo após os fatos, não é fácil atribuir responsabilidade causal, que dirá saber antecipadamente por onde começar um movimento em busca de måior igualdade.

A política da sociedade civil é necessariamente experimental. E uma das coisas que aprendemos com essa experiência americana em particular foi que a conquista dos direitos civis, por si só, não é suficiente. Sem a redistribuição dos recursos e o fortalecimento dos grupos, a emancipação dos negros americanos (o fim da segregação e da discriminação legalizadas) representou apenas um passo rumo à igualdade, quando seriam necessários dois passos. Se aquelas igrejas batistas negras mantivessem creches, hospitais, casas de repouso e programas de assistência à família com recursos equivalentes aos dos luteranos, presbiterianos ou judeus brancos, a vida cotidiana nos Estados Unidos seria diferente. Não posso medir essa diferença: pequena, talvez, mas muito importante. Este é o multiculturalismo feijão-com-arroz que defendi no Capítulo dois: a sociedade civil é sua localização apropriada[19].

---

19. David Carol Cochran fornece mais sugestões nessa mesma linha em *The Color of Freedom: Race and Contemporary American Liberalism* (Albany: State University of New York Press, 1999), pp. 141-69.

Mesmo sem liberdade e mobilidade radicais, tudo que compõe a sociedade civil – em princípio e, com bastante freqüência, também na prática – está sujeito a revisões. Mas ninguém está encarregado dessas revisões. Qualquer empreendedor, ideólogo ou profeta, qualquer homem ou mulher com um projeto, pode tentar criar uma associação. Na interpretação liberal, todas as associações são auto-organizadas (embora o Estado possa ocasionalmente regular esse processo, como faz com as empresas e os sindicatos de trabalhadores). Na ausência de coerção política ou militar, os grupos aparecem e desaparecem espontaneamente. Porém, em cada momento dado existe uma sociedade civil, ainda que em transformação diante dos nossos olhos; e os homens e mulheres comprometidos com a igualdade precisam resolver como se relacionar com esse mundo associativo – que certamente inclui grupos não-liberais e não-igualitários.

Os religiosos praticantes e os militantes políticos tendem a apresentar a questão de outra forma: como organizaríamos a sociedade civil se tivéssemos a oportunidade de fazê-lo? Ou então: como seria a sociedade civil se todos compartilhassem de nossa fé ou ideologia? Como não se trata de questões liberais, não posso me ocupar delas aqui. Parto de uma sociedade civil que já inclui a Associação dos Ateístas, os rosa-cruzes, as lojas maçônicas, os trotskistas, a Sociedade Monarquista da Califórnia, a General Motors, a Organização Nacional das Mulheres, a B'nai B'rith, a Liga pelos Direitos dos Animais, as seitas pentecostais, os *Amish*, a União dos Trabalhadores da Indústria Automobilística, a Igreja Católica, os Elks e os Lions, a nação do Islã, os judeus, as coletividades negra, chinesa e hispânica e assim por diante – a lista não tem fim. Isso é o que

John Rawls chama de "realidade do pluralismo", e essa realidade estende-se à diversidade cultural e moral, bem como à diversidade organizacional[20]. É comum encontrarmos grupos que rejeitam os valores mais profundos do Estado democrático liberal que os acolhe e protege, e que também rejeitam os valores da sociedade civil abrangente e desorganizada na qual encontram um lugar. Na teoria, a sociedade civil é criada por indivíduos autônomos, mas na prática muitas de suas associações são avessas à autonomia. Mais do que isso: vários grupos que coexistem na sociedade civil e que nela procuram o reconhecimento e o fortalecimento não são, eles próprios, liberais ou democráticos, mesmo quando apelam às normas liberais ou democráticas. Consideremos, agora, as desigualdades que prevalecem dentro desses grupos, sob a forma da liderança carismática, da organização hierárquica, do domínio das elites e da discriminação sexual. O efeito de todos esses fatores, individualmente ou em conjunto, é que alguns membros são mais livres que outros. Se nos preocupamos com a liberdade, a questão que devemos propor não é: "Como expressar esse valor?" – como se fosse possível simplesmente expressá-lo enquanto circulamos pela sociedade civil. A questão é: "Como defender a liberdade sob condições de autonomia de grupo em primeiro lugar e, em segundo lugar, de subordinação hierárquica em muitos dos grupos autônomos?" Ou, dada a realidade do pluralismo, que tipos de subordinação e de práticas subordina-

---

20. Ver John Rawls, *Political Liberalism* (Nova York: Columbia University Press, 1993), pp. 36-7, no qual Rawls faz uma distinção entre pluralismo e "pluralismo razoável". Aqui, estou mais interessado na absoluta "variedade de doutrinas e pontos de vista".

doras estaríamos predispostos a tolerar – e que tipos não estaríamos – na sociedade civil de um Estado democrático[21]?

Não é fácil responder a essas questões; nem há uma resposta única para todas as ocasiões e todas as associações. Exigimos eleições democráticas nos sindicatos de trabalhadores, por exemplo, mas não nas igrejas. Suponho que haja bons motivos para essa diferença – motivos relacionados com nossas idéias sobre a liberdade religiosa, com a antigüidade relativa das igrejas e novidade relativa dos sindicatos, e também com o papel do Estado na organização sindical. Por outro lado, proibimos a poligamia entre os mórmons, embora seja uma prática antiga, embasada em justificativas religiosas.

A linha de raciocínio que esbocei em minha discussão sobre as religiões fundamentalistas e outros grupos vorazes ou totalizantes fazia uma distinção entre as problemáticas da sociedade e da política: no primeiro caso, existem práticas associativas que tolhem as oportunidades de vida dos membros do grupo, e, no segundo caso, existem práticas que limitam os direitos ou negam as responsabilidades da cidadania. Os problemas mais difíceis relacionam-se com o primeiro caso. O que constitui uma restrição radical? Mais especificamente, que conjunto de oportunidades de vida é exigido pela noção de autonomia individual?

---

21. Sobre os conflitos entre a autonomia individual e os direitos de grupo, ver Will Kymlicka, "The Good, the Bad, and the Intolerable: Minority Group Rights", *Dissent* (verão de 1996). Para o melhor tratamento aprofundado desses temas e uma discussão um pouco diferente da sugerida abaixo, ver Will Kymlicka, *Multicultural Citizenship: A Liberal Theory of Minority Rights* (Oxford: Oxford University Press, 1995).

Não existe uma lista única imprescindível para todos os tempos e lugares. Também não é evidente que a autonomia, num determinado tempo e lugar, exija acesso igual a todas as oportunidades de vida disponíveis ali. Com efeito, muitos tipos de restrições são compatíveis com a existência e mesmo com o florescimento dos indivíduos autônomos, por mais indesejáveis que eles sejam do ponto de vista da teoria liberal. Mas que tipos de restrições seriam essas? Acaba sendo bem mais fácil adotar os critérios sugeridos pelo segundo caso, o da problemática política, que tem a ver com os direitos e as responsabilidades dos cidadãos. O que está em discussão, afinal, não é a crítica social, mas a intervenção do Estado, e os Estados democráticos liberais poderiam sair-se melhor se evitassem disputas filosóficas sobre o significado da autonomia, concentrando-se, em vez disso, nas exigências da cidadania. A política da Igreja Católica que exclui as mulheres do sacerdócio, por exemplo, ainda que enfrente a oposição dos liberais igualitários, não se qualifica, nesses termos, como um motivo para a intervenção do Estado: ser padre não é um direito, nem os cidadãos precisam ter acesso ao sacerdócio para atuar bem na política democrática. Mas a recusa em educar as mulheres católicas (ou hassídicas, *Amish* ou índias norte-americanas), ou qualquer restrição radical à sua educação, se qualificaria como tal, não apenas por limitar suas oportunidades de vida, mas também por negar a elas as habilidades e o conhecimento que consideramos indispensáveis para todos os cidadãos. O mesmo vale para as práticas que negam às mulheres o acesso justo aos recursos familiares ou que controlam os horários de sua atividade diária. Tanto um quanto o outro são necessários para a participação política efetiva. Pode não ser possível ou prudente banir esse tipo de prática, mas os subsídios e o apoio estatais podem ser legitimamente negados às organizações e aos grupos nos quais elas existem. Quando grupos baseados na fé ou na etnia, por exemplo, oferecem serviços de assistência social com o dinheiro dos impostos, os serviços podem ser restringidos, corretamente, por um conjunto de princípios igualitários (embora possamos discutir as dimensões desse conjunto).

Esta é a proposta que fiz e defendi anteriormente: ao planejar a política do Estado, não precisamos recorrer à autonomia individual, mas apenas à dependência mútua dos cidadãos democráticos. Essa proposta é tanto uma defesa de minha afirmação inicial – de que a sociedade civil exige um Estado forte – quanto uma restrição dela. Uma vez que a defesa dessa afirmação parte das associações não-estatais nas quais as pessoas se descobrem, às quais se associam ou que criam, e, além disso, reconhece o valor dessas associações, então não é uma argumentação estatista. Ela serve, no entanto, para distinguir meus próprios compromissos socialdemocratas do liberalismo convencional, que se origina de uma rebelião, não apenas contra a religião organizada, mas também contra a política organizada. Os liberais sempre insistiram que os indivíduos autônomos precisam ser protegidos do poder dos funcionários do Estado; não demonstram a mesma preocupação com os grupos autônomos que não respeitam o individualismo. Por outro lado, nós, socialdemocratas, embora aceitemos a necessidade de haver limites constitucionais acerca daquilo que os representantes do Estado podem fazer, ao mesmo tempo estamos prontos a reconhecer a utilidade de seu poder e a lhes dar espaço para exercê-lo. Mas estamos mais dispostos, ou deveríamos estar, a proteger as solidariedades da vida coletiva[22]. São estas, então, as propostas centrais de uma teoria socialdemocrática da sociedade civil:

1. A sociedade civil no mundo real não é apenas um ajuntamento de associações voluntárias; seu caráter geral não é determinado pelas idas e vindas individuais.
2. Por causa de tudo que existe além do voluntarismo e da mobilidade, a sociedade civil não pode funcionar como querem os liberais sem a ajuda do Estado.
3. O Estado deve atuar não apenas para regular os conflitos que surgem na sociedade civil, mas também para reparar as desigualdades geradas pelas forças e fraquezas dos diferentes grupos e por suas disposições hierárquicas internas.
4. Quando o Estado intervém na sociedade civil, não pode ter como finalidade a reprodução de seu liberalismo em todas as associações; às vezes ele age em defesa da liberdade política; outras vezes, em defesa do pluralismo associativo; e apenas ocasionalmente em defesa de ambos ao mesmo tempo.

Em determinados momentos históricos, a civilidade e a associação colocam-se em oposição radical ao Estado. O exemplo clássico é o Leste Europeu nos últimos anos do regime comunista, quando intelectuais e ativistas lançaram o renascimento de fim de século XX do debate sobre a sociedade civil. A oposição ra-

---
22. Ver meu ensaio "Pluralism and Social Democracy", *Dissent* (inverno de 1998): 47-53.

dical, todavia, é uma posição difícil de generalizar. No Estado tirânico, o terreno da civilidade é estreitamente delimitado e a mobilidade dos indivíduos é reduzida. A sociedade civil assume um caráter romântico. A vida em seu interior mais parece uma atividade secreta; seus valores de resistência levam à repressão intencional dos conflitos internos, gerando lealdades ferozes e aspirações utópicas – acima de tudo a aspiração à substituição do Estado pelo associativismo puro. A "antipolítica" de Geoge Konrad, uma resposta à restauração comunista na Hungria após a revolução fracassada de 1956, é uma ilustração útil e atraente[23]. Mas, na prática, a antipolítica rapidamente geraria todas as desigualdades habituais da sociedade civil. Portanto, o colapso do Estado hostil revela a necessidade de um Estado amistoso, ou seja, a necessidade de regulação, de redistribuição e (às vezes) de intervenção.

Uma vez que jamais poderemos construir uma sociedade civil perfeita, o Estado nunca será, nem mesmo no melhor dos tempos, o "guarda-noturno" imaginado pelo liberalismo clássico (e jamais "definhará", como esperavam os marxistas). Nem seus compromissos com o individualismo e a autonomia serão tão disseminados em nossa vida associativa quanto gostariam os ativistas liberais de hoje. Em sua relação com a sociedade civil, o Estado amistoso defende a igualdade, enquanto mantém o equilíbrio entre pluralismo e liberdade.

Mas essa relação amistosa jamais pode ser garantida. A regulação, a redistribuição e a intervenção convidam ao abuso; mesmo Estados que abdicaram da am-

---

23. George Konrad, *Antipolitics: An Essay*, trad. para o inglês de Richard E. Allen (Nova York: Harcourt Brace Jovanovich, 1984).

bição totalitária ainda são movidos pelo poder e (com freqüência) corruptos. Assim como não existe uma sociedade civil completamente auto-suficiente, não existe um Estado que funcione perfeitamente. Os membros da sociedade civil devem também ser cidadãos comprometidos e vigilantes. Uma das verdades menos aceitas da política igualitária é que, às vezes, quando os grupos minoritários entram em conflito com o Estado, a igualdade é mais bem servida se o Estado vence. É o caso, às vezes, das associações totalizantes e também das hierárquicas. A igualdade, porém, exige outras vitórias, mais familiares: sobre os funcionários públicos tirânicos, sobre o poder das empresas, sobre a riqueza e o privilégio antigos e sobre a força solidamente estabelecida dos grupos dominantes. O compromisso e a vigilância dos cidadãos são necessários em todos esses casos. A ação do Estado em defesa da igualdade exige a mobilização democrática de quantidades maiores de cidadãos do que aqueles contidos em qualquer um dos grupos. Ela exige movimentos sociais intergrupais; às vezes, exige uma política de insurreição.

Os dois próximos capítulos examinam alguns aspectos desconsiderados dos movimentos e rebeliões, bem como da política democrática em geral, começando com o que é deixado de fora da imagem liberal de indivíduos autônomos que deliberam a respeito do que deve ser feito. Essa imagem é atraente, quase tão atraente quanto a sociedade civil, mas também é utópica; ignora as exigências do conflito social e reflete uma certa antipatia pelas paixões demasiado humanas da política democrática. Defenderei que a democracia e a igualdade exigem um engajamento mais terra-a-terra.

CAPÍTULO CINCO

Deliberação... e o que mais?

A democracia deliberativa é a versão americana das teorias alemãs da ação comunicativa e do discurso ideal. Típica, ela existe num plano mais baixo do desenvolvimento e da justificativa filosóficos – o que a torna mais acessível a pessoas como eu, que vivem nesse plano mais baixo –, e seus defensores têm menos dificuldade que os filósofos alemães para tratar as questões das políticas públicas e dos arranjos institucionais. Eles não se concentram nas pressuposições racionalmente verificáveis do discurso humano, e sim na organização prática e nos resultados prováveis das discussões políticas controladas por normas. As pressuposições são simplesmente pressupostas, sem nenhuma demonstração elaborada de sua base filosófica.

Ainda assim, a democracia deliberativa é, decididamente, uma *teoria* que diz respeito à política e representa uma evolução interessante do liberalismo americano – uma passagem de um discurso de direitos para um discurso de decisão. Certamente, o segundo remete ao primeiro, retendo, como defendo, uma certa preferência pelos tribunais. Não obstante, a recente enxurrada de livros e artigos sobre a democracia deliberativa é impressionante, e muitos dos argumentos nela contidos são convincentes. Todavia, não tem havido discordância suficiente sobre a deliberação nos Estados Unidos, e não foi feita praticamente nenhuma tentativa no sentido de levar em conta seus contextos e complementos indispensáveis; a idéia corre o risco de tornar-se um lugar-comum[1]. Portanto, pretendo me permitir um impulso contrário e arrolar as atividades não-deliberativas que a política democrática envolve, legítima e, talvez, necessariamente. Duvido que seja uma lista exaustiva, embora eu não tenha, conscientemente, deixado nada de lado. Como logo ficará evidente, não fiz da deliberação um sinônimo do pensamento; as atividades que desejo descrever não são impensadas ou imponderadas. Mas tampouco são deliberativas no sentido ideal ou programático proposto pelos teóricos da democracia deliberativa; isto é, essas atividades não buscam chegar a decisões através de um processo racional de discussão entre iguais, que ouvem respeitosamente os pontos de vista do outro, examinam com

---

1. A teoria da comunicação de Jürgen Habermas tem sido objeto de uma vasta literatura crítica, a maior parte da qual concentrou-se em seus filosóficos técnicos. Os autores americanos, que na maioria das vezes evitam a discussão técnica, receberam menos críticas. Ver, porém, Lynn Sanders, "Against Deliberation", *Political Theory* 25, nº 3 (junho de 1997): 347-76; e, de minha autoria, "Critique of Philosophical Conversation", dirigida apenas parcialmente a Habermas: *Philosophical Forum* 21 (outono-inverno, 1989-1990): 182-96.

cuidado os dados disponíveis, ponderam as possibilidades alternativas, discutem sobre a pertinência e o valor de cada uma delas e depois escolhem a melhor política para o país ou a melhor pessoa para o cargo. Às vezes deliberamos nesse sentido mais amplo; porém, o que fazemos além disso? O que acontece nos partidos e nos movimentos do mundo político democrático além da deliberação?

O sentido dessas perguntas não é negar a importância da deliberação ou criticar as explicações teóricas sobre o que ela requer, como as apresentadas por Amy Gutmann e Dennis Thompson em *Democracy and Disagreement* ou por Henry Richardson em *Democratic Autonomy*[2]. Também não pretendo aventar a possibilidade de que esses três autores, ou quaisquer outros teóricos da deliberação, negariam a importância das atividades que irei enumerar em minha resposta – embora, talvez, eles as descrevessem de uma forma um pouco diferente. Pretendo oferecer, em quase todos os casos, uma descrição realista (pragmática) e bastante favorável. Meu principal objetivo é entender como a deliberação se encaixa num processo político democrático que é, como fica evidente em minha lista, profundamente não-deliberativo. Admitamos portanto o valor de "raciocinar juntos", como dizem Gutmann e Thompson, sendo a reciprocidade, a publicidade e a responsabilidade os predicados da razão assim utilizada. A política tem outros valores além da razão, alguns dos quais, freqüentemente, se

---

2. Amy Gutmann e Dennis Thompson, *Democracy and Disagreement* (Cambridge, Mass.: Harvard University Press, 1996); Henry S. Richardson, *Democratic Autonomy: Public Reasoning About the Ends of Policy* (Nova York: Oxford University Press, 2002).

encontram em tensão com ela: a paixão, o comprometimento, a solidariedade, a coragem e a competitividade (todos os quais também exigem qualificação). Estes valores são exemplificados numa vasta gama de atividades nas quais homens e mulheres às vezes encontram ocasião de raciocinar juntos, mas que são mais bem definidas em outros termos.

Preparei minha lista para distinguir cada item tão precisamente quanto possível da noção de deliberação. Não pretendo, porém, criar nenhum tipo de oposição radical, apenas ressaltar as diferenças importantes, e voltarei aos modos pelos quais deliberamos, ou pelo menos discutimos, no curso de todas essas atividades. Tenho, primeiro, de separar os itens, para depois lidar com seus vários entrelaçamentos.

1. *Educação política*. As pessoas têm de aprender a ser políticas. Um pouco do que aprendem é, ou deveria ser, ensinado na escola: uma história por alto da política democrática, incluindo acontecimentos e protagonistas decisivos; informação básica sobre o sistema federal, os três ramos de governo e a estrutura e o *timing* das eleições; talvez, uma explicação das ideologias principais, ao menos de forma caricatual, e assim por diante. Mas os partidos, os movimentos, os sindicatos, os grupos de interesse e as comunidades étnicas e religiosas também educam seus membros, ensinando-lhes as idéias que os grupos se organizam para manter ou promover. O que os antigos Partidos Comunistas chamavam de *agitprop* é uma forma de educação política. Os teóricos comprometidos com a deliberação dirão que essa é uma forma nociva de educação, que é na verdade uma doutrinação; e que os partidos, os movimentos e muitos tipos diferentes de comunidade procuram doutrinar

os seus membros – para levá-los a aceitar uma doutrina – e, sempre que possível, para representá-los em lugares públicos, para repetir suas principais doutrinas (mesmo quando é impopular fazê-lo), de modo que cada membro doutrinado se torne um agente de transmissão doutrinária. Seja isso bom ou ruim, é extremamente importante na vida política, porque a identidade política da maioria das pessoas, ou melhor, da maioria das pessoas engajadas na política, é moldada dessa forma. É assim que elas se tornam agentes com opiniões. As identidades políticas também são moldadas pela vida familiar: os agentes com opiniões casam-se com agentes com opiniões semelhantes e criam filhos a quem procuram transmitir essas mesmas opiniões, quase sempre com sucesso. A socialização na família, o tipo mais precoce de educação política, é apenas *agitprop* com amor. Porém, as opiniões transmitidas refletem doutrinas desenvolvidas fora da família e inculcadas no ambiente público através de uma grande variedade de meios de comunicação.

2. *Organização*. Um dos objetivos da educação política, ou, pelo menos, da *agitprop* e da doutrinação, é induzir as pessoas a identificar-se com determinadas organizações e trabalhar para elas. Organizar-se é uma atividade mais específica, que implica conseguir que as pessoas se filiem de fato, tenham consigo um cartão de filiado, aceitem uma disciplina, paguem as contribuições e aprendam a agir de acordo com um roteiro que não foi escrito por elas. (Esse tipo de coisa acontece em toda a sociedade civil, mas aqui estou me concentrando apenas em sua versão política.) O verso que já citei, de uma das canções populares da esquerda americana – "A união faz a força!" –, é uma máxima democrática; ela reflete o

caráter majoritário da democracia, que premia a associação e a união. Os sindicatos, como os exércitos, não são fortes se seus membros param para deliberar acerca de cada ação ordenada pela liderança. Os líderes deliberam em nome de todos, e esse processo é mais ou menos público para que os membros possam refletir sobre aonde as deliberações dos líderes irão conduzi-los – e possam, às vezes, opor-se a elas. Mas os organizadores tentam convencer as pessoas a agir em uníssono, e não como indivíduos que refletem e deliberam.

3. *Mobilização*. A ação política em larga escala requer mais que organização. Todos os homens e mulheres precisam ser individualmente estimulados, provocados, energizados, animados, chamados às armas. A metáfora militar é apropriada: um exército pode ser uma organização inerte, mantida na reserva, com os soldados sentados no acampamento, limpando suas armas, exercitando-se ocasionalmente. Se tiverem de lutar numa guerra, deverão ser mobilizados. Algo semelhante ocorre na vida política. Os membros comuns devem ser transformados em militantes, pelo menos durante uma campanha específica. Um tipo especialmente intenso de *agitprop* é necessário nesse caso, para captar o interesse dos membros, concentrar suas energias, uni-los fortemente – de maneira que possam realmente ler o manifesto do partido, debater em seu nome, além de marchar, carregar faixas e gritar palavras de ordem nos desfiles do partido. A imagem de multidões gritando palavras de ordem irá sugerir, para os democratas deliberativos, uma política antidemocrática. Mas o caráter da política depende das palavras de ordem, e essas têm sido freqüentemente pró-democráticas. Com efeito, o que

se pode chamar de luta pela democracia deliberativa – isto é, pela igualdade política, por uma imprensa livre, pelo direito de associação, pelos direitos civis das minorias e assim por diante – exigiu que se gritassem muitas palavras de ordem. Não é fácil imaginar uma política democrática na qual a mobilização popular tenha se tornado supérflua. (Mas deve ser esse o nosso ideal? Tratarei dessa questão no final de minha lista.)

4. Manifestação. O sentido de uma mobilização democrática não é irromper nos escritórios do governo e tomar o poder estatal à força, mas sim manifestar intensidade de sentimentos, força numérica e convicção doutrinária – todos esses fatores decisivos para o poder popular. Vêm daí a marcha ou desfile, a convenção do partido, os cartazes e as faixas, os gritos dos participantes, a oratória dos líderes e o aplauso ardente que pretende despertar. Aqui não há espaço para a deliberação silenciosa, pois ela não mostraria ao mundo a força da preocupação dessas pessoas, seu comprometimento e solidariedade apaixonados, sua determinação em atingir um determinado resultado político. Seu objetivo é dar um recado – às vezes aos concidadãos de maneira geral, às vezes mais diretamente a uma elite estabelecida. Eis o recado: aqui estamos; isso é o que acreditamos que deva ser feito; e não acreditamos nisso casualmente, esse não é um tipo de opinião que possa ser captada por uma pesquisa de opinião; não é algo que pensamos hoje e que podemos ou não pensar amanhã; continuaremos voltando até alcançar a vitória; e se vocês querem prosseguir com a política de sempre é melhor que nos aceitem neste ponto (ou nesta série de dezessete pontos). É evidente que tudo isso pode ser dito com fanatismo, refletindo um absolutismo ideológico ou religioso em vez de determinação política. Mas manifestar intensidade e convicção não exclui a negociação mais adiante, e essa combinação pode ser, como tem sido, utilizada em defesa dos direitos democráticos – de votar, fazer greve ou associar-se livremente –, bem como na defesa de reformas substantivas, mas contestadas, como a lei seca, o controle de armas ou o salário mínimo.

5. *Declaração.* O objetivo da demonstração é fazer uma declaração, mas as declarações também podem assumir uma forma mais literal. Já mencionei o manifesto do partido, o qual é endossado e repetido pelos militantes. Às vezes, é politicamente útil reduzir o manifesto a um credo ou uma proclamação – ratificando uma convicção ideológica específica (algo como a profissão de fé de uma comunidade religiosa) ou definindo uma posição quanto a um assunto mais imediato – e depois pedir às pessoas que o endossem. A publicação do credo, com os nomes anexados, sinaliza para o mundo o compromisso dessas pessoas, sua determinação de assumir uma postura pública. Os autores do credo podem ter deliberado sobre o que dizer, ou, o que é mais provável, sobre como dizê-lo; presume-se que as pessoas convidadas a assiná-lo deliberem quanto a se desejam fazê-lo ou não. Mas o credo, em si, tem a forma de uma declaração, a qual provavelmente não será alterada em função de declarações contrárias. Em momentos de conflito político intenso, os jornais e as revistas estarão repletos de afirmações desse tipo – manifestação contra ou a favor desta ou daquela política pública, por exemplo –, mas todas elas, tomadas em conjunto, não constituem uma deliberação democrática, porque os diferentes

conjuntos de autores e signatários nem sempre realizam debates, e, quando o fazem, raramente lêem os argumentos uns dos outros (embora com certeza estudem a lista dos nomes).

6. *Debate.* A declaração e a contradeclaração criam uma espécie de debate, embora em geral esperemos que os debatedores falem diretamente uns com os outros, discutindo de um modo mais rápido, mais espontâneo e mais acirrado do que seria possível numa troca de credos e proclamações. Os debatedores certamente têm de ouvir uns aos outros, mas ouvir não produz um processo deliberativo. Seu objetivo não é chegar a um acordo entre si, mas vencer o debate, convencer o público de que um certo ponto de vista, mais que qualquer outra alternativa, é o melhor. (Alguns membros do público podem, então, deliberar entre si ou consigo próprios – analisando mentalmente as diferentes posições.) Um debate é uma competição entre atletas verbais cujo objetivo é a vitória. Os recursos são o exercício da habilidade retórica, a reunião de provas favoráveis e a supressão das desfavoráveis, o descrédito dos outros debatedores, o apelo à autoridade ou à celebridade e assim por diante. Todos esses elementos ficam evidentes nos debates partidários, nos parlamentos e nas assembléias, bem como nos debates entre os candidatos no período eleitoral. Mas eles também são comuns no circuito de palestras e nos jornais e revistas, sempre que os representantes de diferentes posições são chamados a se ocupar dos argumentos uns dos outros. Os outros são rivais, não colegas participantes; já estão comprometidos, não podem ser convencidos; os objetos desse exercício, mais uma vez, são as pessoas na platéia – embora muitas delas tenham

vindo apenas para torcer por seu próprio lado, o que também pode ser uma atividade política proveitosa.

7. *Negociação.* Às vezes, as posições defendidas nesta ou naquela demonstração, manifesto ou debate foram objeto de deliberação, mas o mais freqüente é que sejam o resultado de negociações longas e complicadas entre indivíduos interessados e com opiniões formadas. Isso significa que essas negociações não representam a idéia de ninguém sobre a melhor posição; elas são acordos com os quais ninguém está inteiramente satisfeito; refletem o equilíbrio de forças, não o peso dos argumentos. Geralmente, os acordos não começam até que a força relativa das diferentes partes tenha sido testada; às vezes sua finalidade é evitar mais testes dispensiosos ou sangrentos. Assim, os partidos concordam em dividir a diferença entre si; a partilha exata depende dos testes de força anteriores[3]. Os *balanced tickets** são resolvidos da mesma forma. As políticas governamentais numa democracia resultam, quase sempre, de um processo de negociação desse tipo, e não de um processo deliberativo. A política escolhida é a que concilia o maior número

---

3. Ver a interessante discussão sobre a negociação em Jürgen Habermas, *Between Facts and Norms: Contributions to a Discourse Theory of Law and Democracy*, trad. para o inglês de William Rehg (Cambridge: Polity Press, 1996), pp. 165-7, que se encerra com um programa para a regulamentação ética do processo de negociação, a fim de aproximá-lo o mais possível da deliberação e evitar as conseqüências dos testes de força; ver também os caps. 7 e 8 *passim*. Para uma versão americana da discussão, ver Richardson sobre o "acordo profundo", em *Democratic Autonomy*, cap. II.

* Expressão que designa, no universo político americano, a lista de candidatos selecionados a fim de atrair uma ampla gama de eleitores, especialmente por meio da inclusão de membros de grandes grupos regionais, étnicos ou religiosos. (N. do R.)

de interesses ou, melhor dizendo, a que concilia precisamente aqueles interesses capazes de se afirmar politicamente (é por isso que a organização e a mobilização são tão importantes e é por isso que o Estado, às vezes, tem de ajudar a organizar os grupos que foram discriminados ou reprimidos – vale citar como exemplos, mais uma vez, a Lei Wagner e a NLRB). É possível imaginar que as pessoas discutam sobre como servir o bem comum acima e além de todos os interesses particulares, em face da restrição de que os interesses particulares também devem ser servidos. Mas essa é uma restrição grave, e o resultado provavelmente se aproximará mais de toma-lá-dá-cá que de uma deliberação. Gutmann e Thompson afirmam que a democracia deliberativa pode tolerar a negociação quando o princípio moral não está envolvido e quando os partidos "levam em consideração os méritos dos resultados coletivos de seus acordos individuais". Mas se os partidos só levassem isso em consideração não estariam negociando. E o resultado de sua negociação não será determinado pelo valor coletivo deste ou daquele acordo; será moldado pelos interesses particulares envolvidos (os quais os protagonistas certamente confundirão com princípios morais) e posto à prova pelo conflito político[4].

O que distingue a deliberação poderá ser mais bem percebido se pensarmos no exemplo de um júri ou um painel de juízes. Não queremos que os jurados ou os juízes numa causa penal negociem entre si, tampouco que se concilem: "Votarei com você na primeira acusação se você votar comigo na segunda e

---

4. Gutmann e Thompson, *Democracy and Disagreement*, pp. 69-73.

na terceira." Queremos que eles pesem as provas da melhor maneira possível e cheguem a um veredito, ou seja, uma declaração verdadeira (*verum dictum*) sobre a culpa ou a inocência. Os políticos, ao contrário, podem agir legitimamente se o fizerem justamente da maneira pela qual os jurados e os juízes são impedidos de agir; com efeito, uma boa negociação é, muitas vezes, a melhor parte da sabedoria política.

8. *A prática do lobby*. O "cultivo" dos funcionários públicos por particulares é amplamente difundido na política, tanto nos cenários democráticos quanto nos não-democráticos. Nas democracias, os particulares tendem a discutir mais com os funcionários públicos (em vez de simplesmente negociar com eles) ou, pelo menos, apresentar-lhes argumentos, uma vez que os funcionários politicamente responsáveis têm de defender suas posições em algum tipo de fórum aberto. Ainda assim, para alcançar a eficiência máxima a prática do *lobby* implica a criação de relações pessoais próximas; ela depende das amizades pessoais e das redes de conhecimentos (motivo pelo qual a prática do *lobby* contribui para a desigualdade e deve ser equilibrada pela mobilização popular). Os bons lobistas compensam com charme, acesso e conhecimentos tudo que lhes falta em argumentação. E os argumentos que apresentam costumam estar menos relacionados com o assunto em pauta que com o futuro político do funcionário público junto ao qual estão fazendo *lobby*.

9. *Campanha*. Às vezes a "campanha", uma metáfora militar, é um termo utilizado para descrever qualquer programa coordenado de organização, mobilização, manifestação e assim por diante, por uma causa específica. Nesta discussão, pretendo descrever apenas

as campanhas eleitorais, a busca democrática do apoio dos eleitores. Isso envolve a maioria das atividades que relacionei até aqui, mas também tem um caráter específico – em parte porque se concentra em líderes que têm nomes, rostos e histórias de vida, além de programas. São esses líderes que carregam o peso da campanha, solicitando os votos de seus concidadãos, fazendo promessas, tentando parecer confiáveis e tentando insinuar que seus oponentes não são dignos de confiança. Podemos imaginá-los trabalhando dentro de um conjunto de limites – regras legais ou morais que definam, por exemplo, práticas justas de campanha –, embora hoje não exista praticamente nenhum limite eficaz, exceto aqueles impostos pela opinião pública. Como seriam as regras de uma campanha justa? Certamente teriam pouca semelhança com as regras acerca do que se pode, ou não, dizer num tribunal, e mais uma vez o motivo é que acreditamos que os eleitores, como os políticos, não são semelhantes a jurados ou juízes.

10. *Sufrágio*. O que os cidadãos devem fazer ao votar? É claro que devem atentar à argumentação feita pelos diferentes candidatos e às plataformas dos partidos. Devem pensar sobre as conseqüências da vitória de um ou outro candidato, não apenas para si próprios, mas para os vários grupos aos quais pertencem e para o país como um todo. Entretanto, o conjunto dos cidadãos não é um comitê de busca que delibera sobre o candidato mais qualificado para o Senado, digamos, ou para a presidência. Os membros de um comitê de busca são como jurados e juízes, na medida em que se espera destes (às vezes erroneamente) que tenham uma compreensão geral das qualificações pertinentes dos candidatos e que deliberem

de maneira imparcial. Nenhum desses pressupostos se justifica no caso dos cidadãos. Alguns deles podem acreditar que a obstinação e o comprometimento com este ou aquele assunto qualifique alguém para a presidência, enquanto outros crêem que a capacidade de chegar a um acordo em todos os assuntos seja a melhor qualificação. Alguns podem se identificar com o candidato X porque ele defendeu seus interesses ou valores no passado ou com a candidata Y porque ela é um membro de sua comunidade étnica ou religiosa, de seu sindicato ou grupo de interesse, ou porque ela tem uma história política semelhante à sua. Certamente, uma vez mais, queremos que os eleitores considerem cuidadosamente as evidências disponíveis e reflitam em profundidade sobre os argumentos dos candidatos e partidos em disputa. Mas eles não precisam desqualificar-se caso não possam ou não queiram dar a mesma atenção a cada um dos concorrentes, seja devido a seus interesses atuais ou a seus compromissos de longo prazo. Da mesma forma, nada os impede de escolher os assuntos nos quais desejam concentrar sua atenção por motivos não-deliberativos. Com efeito, os eleitores têm o direito de escolher tanto os temas quanto os candidatos com referência a seus interesses, paixões ou compromissos ideológicos, e a maioria deles faz exatamente isso. Talvez seja uma verdade universal que as questões sobre as quais os cidadãos deliberam (ou não) geralmente surgem por meio de um processo político em grande medida não-deliberativo. É por meio da mobilização das paixões e dos interesses que somos forçados a tratar do que é (somente agora, devido à mobilização) a "questão" da pobreza, da corrupção ou da exploração.

11. *Angariação de fundos*. Não é possível fazer muita coisa na política sem dinheiro. Mesmo antes da era da televisão era preciso levantar dinheiro para pagar os salários e os escritórios; os folhetos, os informativos, os anúncios e a mala-direta; as viagens, as salas de reuniões e as conferências dos partidos. Nada é mais comum, na vida política, que as atividades variadas que vêm na rubrica de angariação de fundos. Historicamente, nos Estados Unidos, essas atividades forneceram provavelmente os melhores exemplos de democracia participativa justamente porque não implicam o exame de temas, o debate público, os discursos ou a participação em comitês deliberativos. É claro que pedir dinheiro a indivíduos ricos não é tarefa para os cidadãos comuns, mas a angariação de fundos em escala menor – nas rifas, bazares, vendas de bolos, jantares ou "passando o chapéu" – é, na verdade, uma atividade de massa na qual milhares de homens e mulheres estão envolvidos. E não resta dúvida que o dinheiro obtido dessa forma representa um vínculo: as pessoas que já doaram dinheiro e as pessoas que já ajudaram a obtê-lo são mais leais à causa, ou mais leais por mais tempo, que as pessoas que meramente crêem que a causa seja justa.

12. *Corrupção*. Corrupção é um termo com uma poderosa carga crítica e que designa uma série de atividades – dentre as quais o suborno ostensivo e a extorsão constituem as mais óbvias e mais comuns – que deveriam ser excluídas da política democrática. Essas atividades, como um todo, constituem o único exemplo negativo em minha lista e aparecem aqui somente para que eu possa defender sua eliminação. O suborno é, com certeza, uma atividade não-deliberativa (embora seja possível que seus protagonistas

debatam entre si a respeito de quem subornar e por quanto); e o mais importante: é uma atividade que interfere com a deliberação. É por esse motivo que é barrada de alguns contextos sociais e governamentais, mas não é por isso que é barrada do cenário político principal, a arena da política eleitoral. Subornar juízes e jurados é errado precisamente porque isso gera um resultado que não reflete um processo deliberativo imparcial. Subornar os funcionários do governo em troca de licenças e financiamentos é errado porque gera um resultado que não reflete uma busca honesta de pessoas qualificadas e projetos adequados. Mas subornar os eleitores é errado apenas porque interfere na representação democrática dos próprios eleitores, não em qualquer atividade que se exige deles: não obtemos uma imagem precisa de seus interesses, preocupações ou opiniões. O resultado carece de legitimidade democrática, mas não porque a razão imparcial não tenha desempenhado qualquer papel em sua produção. Um candidato que prometa reduzir o desemprego pode estar apelando aos interesses irrefletidos dos desempregados, dos trabalhadores que temem o desemprego e de seus amigos e parentes; no entanto, esse apelo não corrompe o processo político. Na verdade, é como um resultado importante e absolutamente legítimo dessa atração que descobrimos quantas pessoas compartilham desses interesses específicos e conferem a eles alta prioridade. Mas não podemos pagar os desempregados para votar nesse candidato.

13. *Trabalho subalterno*. Muito do que passa por participação política, muito da atividade que é decisiva para o sucesso das organizações e das campanhas, é um trabalho entediante e repetitivo que não

tem nenhum caráter intrinsecamente político – tarefas como pôr a correspondência nos envelopes, arrumar cadeiras, fazer cartazes, distribuir folhetos, fazer ligações telefônicas (para solicitar assinaturas ou dinheiro, ou para convencer as pessoas a ir às reuniões ou votar no dia da eleição), bater de porta em porta (com os mesmos objetivos), sentar-se à mesa de informações nas conferências do partido. Nada disso exige muita reflexão, embora com freqüência seja necessário um bocado de reflexão e até mesmo uma certa engenhosidade para organizar uma atividade ou para se motivar com ela. Uma vez que o trabalho subalterno é necessário – "alguém tem de fazer isso" –, vale a pena insistir um pouco no modo como é feito. O comprometimento desempenha um papel fundamental, mas creio que é importante que esse comprometimento seja gerado no interior de um sistema competitivo. A agitação da competição, a percepção da vitória possível, o medo da derrota – tudo isso pressiona as pessoas a assumir tarefas que, de outra forma, relutariam em desempenhar. Mesmo quando a política começa a se tornar perigosa, não é tão difícil recrutar pessoas para fazer o trabalho trivial: o perigo tem suas próprias excitações. É claro que homens e mulheres particularmente deliberativos podem relutar em envelopar correspondência, mesmo se ninguém estivesse ameaçando surrar todos os envelopadores. Talvez eles estivessem muito ocupados lendo relatórios; talvez ficassem indiferentes às emoções da competição. O fato de que o trabalho subalterno acabe sendo feito pode muito bem ser o exemplo mais evidente do apelo da atividade política não-deliberativa.

14. *Governo.* Se o trabalho subalterno é a ponta inferior da política, o governo é o seu ápice. Aristóte-

les definiu a cidadania numa democracia como "governar e ser governado, sucessivamente". Governar é, geralmente, algo mais valorizado; a aceitação da condição de ser governado é uma adaptação à doutrina democrática. Para que todos tenham a experiência de governar, precisamos nos revesar. Na prática, é claro, algumas pessoas governam por um longo período de tempo; outras são sempre governadas. O que distingue o governo democrático da dominação não-democrática é a legitimação dos governantes através do consentimento. Mas, legítimo ou não (e a dominação existe até mesmo nas democracias), a maioria dos governantes considera o exercício do governo uma atividade prazerosa. Aristóteles provavelmente acreditava que esse prazer deriva em parte do exercício da razão em grande escala, sobre toda a agenda das questões públicas. Nesse sentido, governar é uma atividade deliberativa. Mas os prazeres do comando não são, de modo algum, completamente racionais, senão as pessoas não buscariam o comando com tanta paixão. Às vezes, também, queremos governantes que não sejam propensos a deliberar demais – aqueles em quem "o primitivo verdor das resoluções" não vá, como o de Hamlet, "se estiolar na pálida sombra do pensamento"*.

Essa é minha lista. É difícil saber se, caso eu não a tivesse iniciado com a pergunta "O que mais?", a deliberação faria parte dela. Acaso a deliberação per-

---

* "E é assim que o primitivo verdor de nossas resoluções se estiola na pálida sombra do pensamento." William Shakespeare, *Hamlet*, em *Obras completas*, trad. Oscar Mendes (Rio de Janeiro, Nova Aguilar, 1988). "(...) *the native hue of resolution is sicklied o'er with the pale cast of thought*". (N. da T.)

tence à mesma série que inclui a organização, a mobilização, a demonstração e tudo o mais? Se tomarmos o que os jurados ou juízes fazem como o modelo do processo deliberativo, é provável que não[5]. É verdade que os tribunais são instituições políticas, na medida em que existem dentro de estruturas constitucionais complexas e que os magistrados, às vezes, encontram-se em conflito com os representantes que exercem as autoridades legislativa e executiva. Mas espera-se que as considerações políticas sejam descartadas quando um julgamento civil ou penal está em andamento. O motivo para descartá-las é o pressuposto-padrão de que partimos, o de que existe um único resultado justo para o julgamento, resultado este que os jurados e juízes buscam, ou derivam buscar unidos. É impossível pressupor isso na vida política, a qual, além de caracterizar-se pela oposição de duas ou mais correntes políticas, é intrínseca e permanentemente conflituosa. Pouquíssimas decisões políticas representam vereditos no sentido literal do termo. Não quero dizer que não possamos, às vezes, insistir que seja moralmente correto e, talvez, imperativo fazer X; porém, mesmo as pessoas que concordam quanto à necessidade de fazer X tenderão a discordar quanto ao modo de fazê-lo, quando fazê-lo, e à custa de quem.

Não é necessário adotar a visão de Carl Schmidt, que considera a política uma forma de guerra, para reconhecer que interesses e compromissos ideológi-

---

5. Ver a definição de John Rawls da Suprema Corte como o "modelo institucional" da razão pública, definição que separa radicalmente a deliberação da política, conforme a conhecemos: *Political Liberalism* (Nova York: Columbia University Press, 1993), p. 235.

cos diferentes são, com freqüência, irreconciliáveis. Os partidos em conflito realmente negociam, decidem e em seguida se reconciliam com a decisão; mas é provável que sintam que algo se perdeu no processo de negociação e que se reservem o direito de reabrir a discussão assim que as condições parecerem favoráveis. Protegemos os criminosos de serem condenados mais de uma vez pelo mesmo crime, mas não protegemos os políticos de desafios repetidos acerca das mesmas questões. Acordos permanentes são raros na vida política, precisamente porque não temos maneiras de chegar a um veredito em questões contraditórias. As paixões se esvaem; os homens e as mulheres se desligam de seus compromissos específicos; os grupos de interesse formam novos alinhamentos; o mundo gira. Mas certas discordâncias profundas, como aquelas entre a esquerda e a direita, o capital e o trabalho, são incrivelmente persistentes, e as formas locais de conflito religioso ou étnico estão muitas vezes tão entranhadas numa cultura política a ponto de parecer naturais para seus participantes. Portanto, a política é o eterno retorno a essas discordâncias e conflitos; ela é o esforço para administrá-los e contê-los e, ao mesmo tempo, para obter quaisquer vitórias temporárias acessíveis. A forma democrática de vencer é educar, organizar e mobilizar mais pessoas do que o outro lado. "Mais" é o que torna a vitória legítima, e, embora a legitimidade saia fortalecida caso se possam apresentar argumentos satisfatórios sobre os temas importantes em jogo, a vitória raramente é obtida através da apresentação de argumentos satisfatórios.

Acaso não deveríamos ao menos principiar apresentando os melhores argumentos de que dispomos? Os teóricos da deliberação afirmam que isso é uma espécie de exigência moral; está vinculado ao nosso reconhecimento dos outros como homens e mulheres racionais, capazes de perceber a força de nossas afirmações ou de nos convencer da força das deles, embora sempre se considere que isso seja menos provável. Há, porém, uma outra maneira de reconhecer os outros: não apenas como indivíduos que são exatamente tão racionais quanto nós, mas também como membros de grupos com crenças e interesses que significam tanto para eles quanto as nossas crenças e interesses significam para nós. Se o resultado do primeiro desses reconhecimentos é a deliberação, a negociação e o acordo são os resultados do segundo. Na vida política, o segundo reconhecimento é, quase sempre, o mais apropriado, até mesmo no sentido moral: quanto melhor entendermos as diferenças existentes e respeitarmos as pessoas do outro lado, melhor perceberemos que não é de um acordo racional que necessitamos, mas de um *modus vivendi*.

Se a permanência do conflito ajuda a explicar a centralidade das atividades em minha lista, o mesmo ocorre, num sentido mais particular, com o predomínio da desigualdade. O relato da história política, quando não é influenciado pela ideologia, é na maioria das vezes a história da criação lenta ou da consolidação das hierarquias da riqueza e do poder. As pessoas lutam para chegar ao topo dessas hierarquias e, então, esforçam-se para manter sua posição. Talvez a classe dirigente seja bem menos coesa do que sugere a teoria marxista; não obstante, existe algo semelhante a ela, com mais ou menos consciência de si mesma, e que busca se preservar. As associações da sociedade civil, igualmente, são governadas por vários tipos de elite, que também almejam a permanência (mesmo quando os detentores de certos cargos mostram-se ansiosos por escapar das obrigações que assumiram voluntariamente). A organização popular, a mobilização de massa e a solidariedade de grupo são as únicas maneiras de se opor a esse objetivo. Seu resultado não é o nivelamento das hierarquias – ao menos, nunca foi –, mas apenas seu abalo, a atração de novas pessoas e, talvez, a imposição de limites às diferenciações que elas decidem e utilizam como trincheiras. Portanto, a política democrática torna possível uma versão corrigida da história política: agora ela é a história do *establishment* e da *desestabilização parcial* da desigualdade. Não vejo nenhuma forma de evitar a repetição infinita dessa história, embora, indubitavelmente, alguns *establishments* sejam piores que outros e algumas desestabilizações se realizem mais plenamente. Falando de maneira mais específica, não vejo como substituir a luta – eternamente renovada – pela desestabilização por meio de um processo deliberativo.

A democracia deliberativa é, definitivamente, uma teoria igualitária. Ela pressupõe a igualdade dos homens e mulheres que falam e deliberam, gerando e justificando, a partir daí, as decisões igualitárias. O processo é conscientemente elaborado de forma que se evite a acusação de que o melhor pensamento dos melhores pensadores, deliberando sob as melhores condições, não reflita nada mais que os interesses dos poderes estabelecidos ("as idéias da classe dominante são... as idéias dominantes")[6]. Um processo deliberativo adequado exclui completamente esses interesses

---

6. Karl Marx e Friedrich Engels, *The German Ideology*, R. Pascal (org.) (Nova York: International Publishers, 1947), p. 39. [Trad. bras. *A ideologia alemã*, São Paulo, Martins Fontes, 3.ª ed., 2007.]

poderosos – ao exigir dos participantes que se imaginem deliberando por trás de um véu de ignorância, por exemplo – ou equilibra os interesses ao garantir que todos eles, inclusive os dos grupos fracos e oprimidos, sejam igualmente representados nas discussões. Mas tudo isso é conquistado no tempo e no espaço utópicos, enquanto no mundo real a teoria da democracia deliberativa parece desvalorizar o único tipo de política que poderia estabelecer um igualitarismo prático. Como afirmei anteriormente, os protagonistas dessa política começam como iguais, mas nunca lutaram por esse *status* precário (e o modo pelo qual eles poderiam consegui-lo não é o assunto dessa teoria). Assim, suas discussões idealizadas dificilmente se concretizarão, ou serão eficazes, em qualquer ordem política realmente existente.

Deveríamos procurar concretizar tais discussões idealizadas? Seria essa a nossa utopia, o sonho dos democratas comprometidos – um mundo no qual o conflito político, a luta de classes e a diferença cultural fossem todos substituídos pela pura deliberação? Como Joseph Schwartz afirmou recentemente no livro cujo título leva o nome de sua tese, *The Permanence of the Political*, os teóricos liberais e de esquerda muitas vezes escreveram como se esse fosse seu objetivo último[7]. Daí o argumento marxista: o conflito surge devido à diferença e à hierarquia, e uma vez que a luta de classes tenha sido superada e uma sociedade sem classes estabelecida, uma vez que as diferenças tenham sido superadas e a hierarquia destruída,

---

7. Joseph M. Schwartz, *The Permanence of the Political: A Democratic Critique of the Radical Impulse to Transcend Politics* (Princeton: Princeton University Press, 1995).

o Estado irá definhar e "o governo dos homens" será substituído pela "administração das coisas"; a era da política terá terminado. Teorias desse tipo, como afirma Schwartz com razão, refletem a incapacidade de compreender (sem falar de apreciar) as muitas e variadas formas da diversidade cultural e do conflito social. É esse desconforto perante a diferença, acima de tudo, que provoca a falta de gosto pela política e a fantasia de aboli-la. Contudo, a abolição da política dificilmente será alcançada, exceto pela repressão da diferença e do conflito, o que exigiria uma política altamente coercitiva. Estou seguro de que apenas se recorreria à repressão em defesa das idéias que os teóricos e seus amigos tivessem ponderado longa e profundamente, em cenários deliberativos imperfeitos, mas não implausíveis, como os seminários acadêmicos, as comunidades de intelectuais exilados ou os comitês de partidos de vanguarda afastados do poder político. Ainda assim, os democratas comprometidos dificilmente podem endossar a repressão – e tampouco a desigualdade que ela evidentemente contém.

A deliberação tem, de fato, um lugar, um lugar importante na política democrática, mas não creio que tenha um lugar independente – um lugar todo seu. Não há nenhum cenário no mundo político semelhante à sala do júri, na qual não queremos que se faça nada *exceto* deliberar. De maneira semelhante, embora freqüentemente se diga que a política envolve, acima de tudo, atividade de comitê, não existe nenhum comitê político totalmente semelhante a um comitê de busca que cuide da nomeação de um docente ou um comitê de premiação que tente decidir qual o melhor romance do ano. O trabalho de procurar candidatos ou atribuir prêmios é muitas vezes politizado, mas quando isso acontece é provável que os resultados sejam questionados. Em contraposição, espera-se que as considerações políticas prevaleçam nos comitês de um partido ou movimento e mesmo nos comitês legislativos e administrativos. Pelo menos, tais considerações são invocadas legitimamente; algo estaria errado com o processo democrático se elas não tivessem função alguma. Imaginemos um grupo de burocratas deliberando, com grande seriedade, durante várias horas e depois fazendo o que concluíssem ser o certo – sem levar em consideração as preferências registradas da maioria ou os interesses de quaisquer coalizões de grupos que constituíssem a maioria naquele momento. Imaginemos que eles ignorassem todas as preferências e interesses pessoais, exatamente como se espera dos júris. A política escolhida pelos burocratas deliberantes bem poderia ser a melhor, mas não seria a política certa para um governo democrático.

A democracia exige deliberação, o que quer dizer uma cultura da discussão, e exige um conjunto de cidadãos que estejam abertos, ao menos em princípio (e, às vezes, na prática), aos melhores argumentos. Mas a argumentação não pode estar isolada de todas as outras coisas que os cidadãos fazem. Não existe essa coisa de argumentação pura e deliberação em si; também não há, e jamais poderia haver, um grupo de pessoas que as tivessem como função. Também não existe, na maioria das disputas que ocorrem na vida política, um único argumento que seja ou devesse ser igualmente convincente para pessoas com visões de mundo, crenças religiosas, interesses econômicos e posições sociais diferentes. Em conseqüência disso, não há resultado que seja puramente deliberativo, em oposição a político, no sentido pleno do termo.

O lugar apropriado para a deliberação depende das atividades que ela não constitui ou controla. Criamos um espaço para ela, e devemos fazer isso, no espaço maior que reservamos para as atividades políticas propriamente ditas. Tentamos introduzir uma certa medida de reflexão serena e de argumentação fundamentada, por exemplo, na atividade de educação política. Mesmo a *agitprop* pode ser melhor ou pior, e evidentemente será melhor se seus argumentos forem transmitidos com franqueza e tratarem dos desafios mais difíceis que o partido ou o movimento enfrentam. De modo semelhante, podemos imaginar a plataforma do partido criada por um grupo de pessoas que não sejam apenas boas negociadoras, mas homens e mulheres que reflitam e que tenham como objetivo propostas moralmente justificáveis e economicamente realistas, além de politicamente atraentes. Podemos imaginar um processo de negociação no qual as pessoas tentassem entender e acomodar os interesses do outro lado (sem deixar de defender os próprios interesses), em vez de apenas impor pela força o acordo mais difícil. Podemos imaginar debates parlamentares nos quais os participantes rivais se ouvissem e estivessem preparados para mudar de posição. E, finalmente, podemos imaginar cidadãos que realmente pensassem no bem comum ao avaliar os candidatos, os partidos políticos, os acordos firmados por seus representantes, ou a argumentação que apresentassem.

Nenhuma dessas situações imaginárias é absurda, mesmo que raramente se concretizem. Com efeito, num nível um pouco inferior, a democracia atual já é uma cultura da discussão; os trabalhadores subalternos leais, por exemplo, conversam sobre política enquanto enchem os envelopes e discordam violentamente acerca da necessidade prioritária para o movimento de enviar outra remessa maciça de mala-direta. Nada do que eu disse pretende desmerecer discussões desse tipo – ou de um tipo mais "elevado". Sim, aqueles dentre nós que desejam defender a idéia de uma sociedade mais igualitária devem afirmar que uma sociedade assim é possível e esboçar uma imagem de como ela seria, imagem que deve ser tão plausível (e inspiradora) quanto possível. Essa é a nossa utopia. Mas as discussões e os esboços serão utópicos, no mau sentido – descrições sentimentais e auto-indulgentes de lugar nenhum –, a não ser que também mobilizemos homens e mulheres que vivenciam as injustiças de classe e os traumas do estigma e da subordinação ou pelo menos se solidarizam com eles. Essas pessoas também devem participar das discussões sobre o bem comum, sobre a igualdade e sobre as estratégias para aumentar a igualdade – mas apenas paralelamente e junto com seu envolvimento com a tarefa mais importante da política.

    Minha esperança de que a deliberação ocorra paralelamente e junto com outras coisas terá mais probabilidade de se concretizar se a atividade política for conduzida abertamente, com total publicidade, por ativistas e funcionários públicos democraticamente responsáveis. Se democracia exige discussão, a cultura da discussão é acentuada e fortalecida pelas instituições e práticas democráticas convencionais – as eleições, a competição entre os partidos, uma imprensa livre. Existem outros arranjos práticos que podem ajudar ou obrigar os cidadãos a pensar sobre o bem comum? Essa é uma questão importante, abordada criativamente por James Fishkin em vários livros recentes[8]. Mas não creio que esses arranjos, sejam eles quais forem, possam ou devam substituir as atividades de minha lista. Fishkin defende o estabelecimento de júris de cidadãos, aos quais se pediria que decidissem sobre questões cruciais das políticas públicas, ou que ao menos propusessem soluções para elas. Na formação dos júris, as amostragens científicas substituiriam as formas usuais da política eleitoral, e, nas reuniões dos júris, a discussão racional substituiria as formas usuais do debate político. Para mim, esse exemplo encerra o problema central da democracia deliberativa: a deliberação em si não é uma atividade que se preste a demonstrações de massa[9]. Não quero dizer que homens e mulheres comuns não tenham a capacidade de usar a razão; apenas não creio ser plausível que 300 milhões deles, ou mesmo 1 milhão ou 100 mil, possam raciocinar em conjunto. E seria um grande erro afastá-los das coisas que podem fazer juntos. Pois, nesse caso, não haveria uma oposição eficaz e organizada às hierarquias estabelecidas da riqueza e do poder. O resultado político dessa reviravolta é facilmente previsível: os cidadãos que fossem

---

8. O mais importante dentre eles é *Democracy and Deliberation: New Directions for Democratic Reform* (New Haven: Yale University Press, 1991).

9. Se o propósito dos júris é simplesmente acrescentar suas próprias conclusões à mistura de idéias e propostas que já estão em discussão na arena política, isso quer dizer que são úteis da mesma forma que os grupos de reflexão e as comissões presidenciais. Se qualquer espécie de autoridade democrática for reivindicada para eles, se a amostragem substituir as pessoas nela representadas, os júris serão perigosos.

afastados perderiam as lutas que provavelmente desejariam, e bem precisariam, vencer.

No próximo capítulo, o último, desenvolverei um raciocínio que foi apenas sugerido neste: o de que o envolvimento apaixonado de um grande número de pessoas é indispensável para uma política democrática ou igualitária. A paixão política é algo com que os teóricos liberais sempre se preocuparam e que quase sempre viram com ressalvas, não sem razão. No entanto, uma política sem paixão tem seus próprios perigos – dos quais um dos maiores é o perigo da derrota.

CAPÍTULO SEIS

Política e paixão

Há um problema oculto no centro das atuais discussões sobre o nacionalismo, a política de identidade e o fundamentalismo religioso. Esse problema é a paixão. Os adversários desses fenômenos temem a retórica veemente, o engajamento impensado e a ira contra os opositores, que eles associam ao surgimento dos homens e mulheres impetuosos na arena política. Associam a paixão à identificação coletiva e à crença religiosa – ambas as quais levam as pessoas a agir de maneira que não podem ser previstas por nenhuma explicação racional de seus interesses e que não decorrem de nenhum conjunto de princípios racionalmente defensáveis.

Os interesses podem ser negociados, os princípios podem ser debatidos e as negociações e debates são processos políticos que, tanto na prática quanto na teoria, estabelecem limites sobre o comportamento de todos os que deles participam. Mas, de acordo com aquele ponto de vista, a paixão não conhece limites e varre tudo à sua frente. Diante da contradição ou do conflito, ela exige inexoravelmente soluções violentas. A política propriamente dita, a política em sua versão razoável e liberal, é um assunto a ser discutido com calma – ou, se a discussão do capítulo anterior for aceita ao menos parcialmente, um assunto que tem a ver com rivalidade organizada, trocas calculadas e acordos difíceis. A paixão, ao contrário, é impetuosa e sem mediação; é tudo ou nada.

Entretanto, em várias partes do mundo, inclusive aqui, existem muitas pessoas politicamente engajadas e apaixonadas nesse engajamento. O espetáculo é, muitas vezes, assustador. Não quero negar o medo (ou negar que tenho medo). Não são apenas os indefectíveis artigos de jornais sobre negociações rompidas, debates interrompidos e líderes furiosos que abandonam as reuniões dos comitês. Não é só o grande número de pessoas que marcham sob as bandeiras da identidade e da fé (em vez do interesse econômico ou do princípio político). A paixão também é mobilizada por conflitos mortíferos de origem étnica e religiosa, conduzindo a crueldades terríveis: ataques terroristas, "limpeza étnica", estupros e massacres. A paixão ajuda a promover a guerra, não de todos contra todos ou de cada pessoa contra cada uma das outras (pois a guerra descrita por Hobbes é uma atividade racional, gerada pela desconfiança universal), mas sim a guerra de alguns contra alguns, de grupo contra grupo, nas quais a força motriz é o puro ódio.

Como devemos entender tudo isso? Começarei por perguntar qual é o entendimento que já temos. Qual é nossa imagem mental do lugar da paixão na vida política? A imagem mais popular atualmente entre os intelectuais e acadêmicos liberais, teóricos políticos e sociais, jornalistas e comentaristas (analisando a Bósnia ou Ruanda, por exemplo), é sutilmente sugerida pelos versos famosos do poema "A segunda vinda", de William Butler Yeats:

> Tudo desmorona; o centro não se mantém;
> A mera anarquia invade o mundo,
> Invade-o a maré tingida de sangue, e em toda parte
> Afoga os ritos da inocência;
> Aos melhores falta toda convicção, enquanto os piores
> Estão tomados de apaixonada energia.[1]

A primeira vez que ouvi esses versos foi há muitos anos, no início da década de 1950, durante a era McCarthy, e imaginei, até que me corrigissem, que Yeats fosse um poeta americano contemporâneo: tanto ele parecia estar escrevendo sobre o meu próprio tempo, que pensei que fosse também o seu. Suspeito que o poema freqüentemente tenha esse tipo de ressonância (foi traduzido para o alemão, em Princeton, Nova Jersey, por Erich Kahler, um refugiado do nazismo, para quem estou certo de que tinha esse tipo de ressonância), e por isso vou adotá-lo como texto-base[2]. Tentarei compreender a paixão na política, ou come-

---
1. *"Things fall apart; the centre cannot hold;/Mere anarchy is loosed upon the world,/The blood-dimmed tide is loosed, and everywhere/The ceremony of innocence is drowned;/The best lack all conviction, while the worst/Are full of passionate intensity."* Selected poems of William Butler Yeats, M. L. Rosenthal (org.) (Nova York: Macmillan, 1962), pp. 91-2.
2. Essa tradução para o alemão aparece em William Butler Yeats, *Ausgewahlte Werke* (Zurique: Coron-Verlag, 1971), p. 135. Devo esta referência a Martina Kessel.

çar a compreendê-la, considerando o significado e o impacto dos versos de Yeats. Mas também terei em mente o próprio surgimento no mundo das pessoas a que Yeats se refere como "os melhores" e "os piores". Ele propõe uma explicação desse surgimento; ou, talvez mais precisamente, aqueles dentre nós que crêem pertencer aos melhores inferem uma explicação, previsivelmente autocrítica. Somos nós o motivo pelo qual o centro não se mantém; a culpa reside em nossa própria fraqueza moral e intelectual. Perdemos as convicções sobre nossos interesses e princípios, e por isso não podemos confrontar e superar a energia apaixonada dos demais. A distinção entre "nós" e "eles" é clara. Somos pessoas cultas, inteligentes, liberais e razoáveis, e, quando nossas convicções são fortes, assim é a sociedade como um todo. Quando o mundo faz sentido, quando a ordem é compreendida e a justiça defendida, quando as decências comuns prevalecem, constituímos o centro e somos capazes de conter o desgoverno. Associamos a paixão com os outros, a maré de sangue que invade tudo quando o centro entra em colapso. A qualquer momento, é fácil identificar a maré – ou pelo menos apontá-la; a análise social é sempre mais controversa –, e o poema parece sugerir que devemos, mas provavelmente não podemos, reunir a convicção necessária para revertê-la.

O próprio Yeats provavelmente não pretendia que esses versos fossem lidos como acabei de lê-los. De acordo com a convincente interpretação do poema feita por Yvor Winters, que o situa tanto no contexto da política irlandesa como no da mitologia histórico-mundial de Yeats, as pessoas que Yeats tinha em mente como os piores eram os políticos de Dublin que tentavam, no rastro do Levante da Páscoa de 1916, estabelecer um Estado democrático na Irlanda e colocar-se à sua frente (o poema foi escrito em 1919 ou 1920). E a palavra *melhores* refere-se, como é apropriado somente do ponto de vista lingüístico, à velha aristocracia anglo-irlandesa, a cujos membros faltava a determinação para assumir o controle naqueles anos difíceis[3]. Mas o objetivo do poema não é criticar essa fraqueza; o triunfo dos piores é necessário para abrir caminho para a transformação – uma daquelas grandes transformações cíclicas que, segundo a crença de Yeats, moldam a história humana. A "besta que se arrasta para Belém", no último verso do poema, o qual explica seu título, assinala uma nova era e uma nova barbárie, da qual nascerá uma nova aristocracia. Uma energia apaixonada dirige o processo, não tanto avante (Yeats certamente não era um *Whig** ou um mitólogo progressista) como em frente, rumo à destruição e ao renascimento.

Essa descrição da intenção do poeta pode estar certa ou errada, mas os leitores nunca se deixaram cercear pelas intenções dos autores e tampouco o farei aqui. Não é isso que o poema significa para nós. Previsivelmente, atribuímos a ele um significado moralizador e politizador, que serve, acima de tudo, para condenar a energia apaixonada e também para execrar, ou talvez apenas lamentar, a falência da convicção. É esse significado, ou uso, do poema que pretendo examinar e criticar.

---

3. Yvor Winters, *Forms of Discovery: Critical and Historical Essays on the Forms of the Short Poem in English* (n. p.: Alan Swallow, 1967), pp. 213-4.

* No Reino Unido, termo que designa os partidários de medidas reformistas, a partir do século XVII; precursores dos liberal-democratas. (N. da T.)

Note-se, em primeiro lugar, que os termos não são reversíveis: o poema, nesta leitura, não afirma que seria bom se aos maus faltasse toda convicção e se os bons estivessem tomados de apaixonada energia. As associações que o poema faz entre bem e convicção, de um lado, e mal e paixão, de outro, decorre do significado polarizado convencionalmente atribuído a esses termos. Não pretendo dizer que ser o melhor e ter convicções caminhem juntos. Ser o melhor e não ter convicções também caminham juntos. O ceticismo, a ironia, a dúvida, um viés crítico do pensamento – todos esses elementos também são as marcas das melhores pessoas (embora, volto a dizer, seja provável que Yeats os considerasse sinais de decadência aristocrática). É admirável ter convicções, mas também é admirável não ter muita certeza sobre elas. As melhores pessoas não são os verdadeiros crentes, os membros do partido da ortodoxia ou os sectários ideologicamente corretos, pois esse é o caminho da energia apaixonada. Uma certa fraqueza política está entranhada na convicção, pois, de acordo com esta leitura do poema, a convicção repousa na razão e, por conseguinte, está sempre aberta à crítica e à refutação. A convicção moral pode ser inerente aos aristocratas, mas eles também demonstram suas qualidades nobres quando se atormentam a não mais poder até decidir se devem ou não agir com base em suas convicções, quando sua decisão "se estiola na pálida sombra do pensamento". E nós, então, pomos em dúvida sua capacidade de liderança.

As piores pessoas, pelo contrário, especialmente quando são intelectuais, como com freqüência são, não têm convicção nenhuma, e sim crenças, doutrinas, dogmas e ideologias. Tudo isso se presta à certeza, e a certeza, quando militante, é também apaixonada e cheia de energia. Suponho que a energia apaixonada dos piores se expresse no mais das vezes sob uma forma não-intelectual ou antiintelectual, como a intolerância e o preconceito. Mas estes são ambos frutos da doutrina. Para que os membros de um grupo odeiem os membros de outro grupo da maneira que nos interessa aqui – aquela que faz o centro entrar em colapso e libera a maré tingida de sangue –, é preciso que o segundo grupo tenha sido condenado em termos doutrinários, através de alguma explicação genética ou genealógica de sua inferioridade, digamos, ou algum relato histórico de seus crimes. Relacionar a energia apaixonada com a ignorância é um engano comum. Na verdade, os piores são sempre ao menos parcialmente cultos; constituem o que poderíamos chamar de pequena burguesia da vida intelectual. Aprenderam a crença, mas não o ceticismo. Não possuem a alternativa da modéstia natural dos melhores, cujo pensamento mais recôndito é o de que podem estar errados, e que adquiriram, à força de muito refletir sobre essa possibilidade, as virtudes da ambivalência e da tolerância.

Assim, não é verdade que aos piores falte a razão, mas sim que sua razão é distorcida pela fé e pelo dogma, enquanto a razão dos melhores é temperada pela dúvida ou, talvez, pela humildade. O que Yeats descreve é o resultado político. Os piores possuem a coragem de sua certeza; os melhores, no máximo, a coragem de sua incerteza. A disputa política entre eles certamente será desigual.

Nem sempre foi assim. O poema descreve o momento presente, nosso próprio aqui e agora, e dá a entender que estamos vivendo nos últimos dias de algum processo histórico (não necessariamente um ciclo yeatsiano). O clamor de que o centro não se mantém é um lamento sobre o adiantado da hora. Houve um tempo, sim, em que o centro se mantinha firme – senão, não saberíamos que ele é o centro. Não sei ao certo como definir essa era anterior, mas os relatos convencionais a seu respeito não são inteiramente fantásticos. Naquela época, os piores eram de fato ignorantes e subordinados passivamente devido à sua ignorância – e, portanto, melhores do que são hoje: conheciam seu lugar. As convicções dos melhores ainda não eram temperadas pela dúvida, não tanto devido à sua crença em Deus, na natureza ou na história, mas sim devido à sua crença em si próprios. (Portanto, talvez haja alguma verdade na mitologia yeatsiana, que associa o centro estável com uma aristocracia jovem, mas estabelecida.) Os piores eram humildes naqueles dias, e os melhores eram autoconfiantes.

Essa é a imagem evocada pelo poema de Yeats, ou a imagem que o poema pode ser usado para evocar. Deve parecer estranho relacioná-lo de alguma forma à teoria política liberal, principalmente quando o próprio Yeats estava tão à direita; mas é isso que pretendo fazer. (Mais adiante, passarei a um ponto de vista liberal mais convencional.) Embora o liberalismo espere ansioso por um tempo no qual todos os homens e mulheres participarão do processo democrático de tomada de decisões racionais, seu desconforto perante a paixão e sua depreciação da paixão ligam-no a uma tradição político-filosófica mais antiga em que os poucos iluminados assistem ansiosos às massas fervilhantes e irracionais e sonham com um tempo passado em que os membros da massa eram passivos, respeitosos e politicamente apáticos. A expressão de Yeats "energia apaixonada" evoca, por exemplo, a crítica do "entusiasmo" feita por David

Hume. Em sua *História da Inglaterra*, Hume identificou esse entusiasmo com as seitas protestantes do século XVII[4]. Acreditava Hume que a razão era escrava das paixões, mas o zelo religioso era uma paixão à qual ele esperava que os homens e mulheres razoáveis conseguissem resistir. De acordo com essa tradição (Hume é útil porque propõe a versão *Whig* de tal tradição), qualquer compromisso emocional forte é considerado perigoso, uma ameaça à estabilidade social e à ordem política que permitem o cultivo da mente, as conquistas artísticas e o que poderíamos chamar de elegância moral – as virtudes de um cavalheiro e de um acadêmico. Não há dúvida de que essas virtudes têm sua própria história, sobre a qual não irei me estender aqui. Em vez disso, pretendo me concentrar no argumento do qual elas fazem parte, um argumento que, a meu ver, corresponde ao surgimento da religião popular e do radicalismo político.

O vigoroso verso de Yeats, "Tudo desmorona; o centro não se mantém", ecoa os versos de John Donne, mais antigos:

Tudo está em pedaços, acabou-se toda coerência,
Todo justo socorro, todo parentesco;
Príncipe e súdito, pai e filho, são coisas esquecidas.[5]

---

4. A crítica do entusiasmo (também do zelo religioso, do fanatismo e assim por diante) é freqüente em David Hume, *History of England*, mais ou menos do capítulo 50 em diante. Ver a análise de David Miller, *Philosophy and Ideology in Hume's Political Thought* (Oxford: Clarendon Press, 1981), pp. 57, 103, 116-7, 151.

5. "*'Tis all in peeces, all cohaerence gone;/ All just supply, and all Relation;/Prince, Subject, Father, Sonne, are things forgot.*" John Donne, *Complete Poetry and Selected Prose of John Donne* (Nova York: Modern Library, 1941), pp. 171-2. "An anatomie of the World: The First Anniversary" é de 1611.

Isso é o que acontece quando "A nova filosofia tudo põe em dúvida"*. O argumento, aqui, é mais intelectual que em Yeats, embora o esquecimento da hierarquia social não seja uma alusão à revolução científica, mas ao radicalismo protestante – os dois provavelmente vinculados para Donne, que mais tarde diria, em seu "First Anniversary", que "uma febre caótica tomou conta /De toda a substância [do mundo]"**. Donne não viveu para ver a maré tingida de sangue encharcar as ruas de Londres, mas é essa experiência específica de tudo desmoronando, do mundo em pedaços, que esses poemas evocam, ou, repito, podem ser utilizados para evocar. Febre caótica, entusiasmo e energia apaixonada são as marcas dos "outros" plebeus (e também de seus "intelectuais orgânicos") – nesses poemas, geralmente se depreende uma referência às ordens sociais inferiores, mas esta pode ser prontamente transferida aos grupos excluídos, às raças escravizadas e às nações dominadas. É quando tais grupos se rebelam (seja exigindo a emancipação, o reconhecimento, ou o fortalecimento) que a maré tingida de sangue invade tudo e os "ritos da inocência" – todas as cortesias, as celebrações e os rituais cotidianos através dos quais a coerência social é representada – sucumbem à inundação.

Esse raciocínio tem um apelo óbvio porque apresenta uma verdade óbvia. Quem pode duvidar que a repressão puritana, o terror da Revolução Francesa, os expurgos stalinistas e os massacres e deportações do nacionalismo contemporâneo fossem e sejam obra de

---

* *"New philosophy calls all in doubt."* Outro verso do poema de Donne. (N. da T.)

** *"a Hectique fever hath got hold /Of the whole substance [of the world]"*. (N. da T.)

homens e mulheres apaixonadamente enérgicos – e suas paixões as piores: a certeza dogmática, a ira, a inveja, o ressentimento, a intolerância e o ódio? E quem pode duvidar de que o fracasso dos moderados em cada um desses exemplos, bem como dos defensores da democracia parlamentar, das liberdades civis e do pluralismo político, tem algo a ver com sua convicção liberal e sua falta de convicção (o que dá no mesmo) e de autoconfiança? Acaso não se deduz que devemos procurar uma forma de eliminar a paixão política e fazer com que as melhores qualidades da mente e do espírito – a sensatez, o ceticismo, a ironia e a tolerância – triunfem, de alguma forma, na arena política?

Substituir o calor pela luz: isso seria algo desejável de fazer, se fosse possível. Mas não é. Para entender por quê, basta pensar sobre a política como ela realmente é. Os terroristas e os assassinos, seja qual for sua energia apaixonada, também são motivados pela convicção, ou seja, por idéias claras a respeito do mundo. É claro que essas idéias derivam mais de crenças religiosas ou políticas que da reflexão filosófica; é claro que o nível intelectual dos terroristas e dos assassinos costuma ser baixo. Entretanto, eles seguem os passos dos aristocratas da vida intelectual. Calvino, Rousseau, Marx e Nietzsche foram todos longamente citados por pessoas que eles relutariam em reconhecer como discípulos.

Ao mesmo tempo, a energia apaixonada dos terroristas e dos assassinos é, ao menos de vez em quando, igualada pela energia apaixonada de seus oponentes mais heróicos e eficazes. Se não houvesse nada horrível a que se opor, não haveria a necessidade desse tipo de envolvimento emocional. Mas a oposição e o conflito, a discordância e a luta quando muito está em jogo – é disso que é feita a política. Não quero dizer que a política seja essencialmente isso. Nunca me interessei por definições essencialistas de nada. No entanto, é muito difícil imaginar a política sem conflito, mesmo quando vemos políticos de centro fingindo não discordar de ninguém. É possível, claro, baixar as apostas – medida freqüentemente oportuna –, porém não a zero. Na "administração das coisas" de Engels, o modo como as coisas são administradas não terá interesse algum, mas essa é outra fantasia antipolítica[6]. Certamente os administradores agem bem quando seguem suas convicções racionais, e seu desempenho melhoraria ainda mais com um pouco de ironia e menos autoconfiança. Mas os ativistas políticos precisam ser mais apaixonadamente engajados, ou correrão o risco de perder todas as lutas pelo poder político.

Isso é uma verdade universal em política, mas tem uma força especial numa época em que as velhas hierarquias sociais são desafiadas, a coerência é solapada e o mundo está em pedaços. Pois é a violência apaixonada da maioria que apresenta o desafio, e, uma vez que este tenha surgido, os ritos da inocência, todo o parentesco e a doce racionalidade passam a ter apenas um valor limitado. Elas não irão contribuir para uma nova ordem; não levarão homens e mulheres a aceitar a disciplina necessária para a inovação e a reconstrução. "Nada de grandioso jamais foi conquistado sem entusiasmo", escreveu Ralph Waldo Emerson[7]. Essa afirmação é verificável empiricamen-

---

6. Friedrich Engels, *Anti-Duhring* [em inglês] (Chicago: Charles Kerr, 1935), p. 292.

7. Ralph Waldo Emerson, "Circles", em *Essays: First Series*, em Emerson, *The Complete Essays and Other Writings*, Brooks Atkinson (org.) (Nova York: Modern Library, 1940), p. 290.

te, e as provas de que é verdadeira são abundantes. Infelizmente, também é verdade – com provas igualmente abundantes – que nada de terrível jamais foi conseguido sem entusiasmo.

Essa dupla verdade expressa os riscos inerentes à política como uma atividade dotada de propósito. Com efeito, os riscos refletem outra duplicidade: não é somente a paixão que desempenha um papel tanto nas conquistas grandiosas quanto nas terríveis – a razão também. Todo avanço político e social exige convicção racional (não importa o que mais exija). Mas a ambição presunçosa de construir uma ordem racional a qualquer custo para a multidão ignorante e irracional gerou suas próprias formas de terrorismo e assassinato. Assim como os ativistas apaixonados citam a filosofia, também os filósofos são movidos pela paixão. Membros de ambos os grupos servem, às vezes, no exército dos bons e, às vezes, no outro lado.

Os riscos da política podem ser temerariamente aumentados ou cautelosamente reduzidos; mas não podem ser completamente evitados, a não ser que se desista da esperança de grandes conquistas. E é exatamente isso que ocorre, a meu ver, quando a convicção e a paixão, a razão e o entusiasmo, são radicalmente separados, e quando essa dicotomia é vinculada à dicotomia entre o centro que se mantém firme e o caos da dissolução. O resultado é uma ideologia que evita os riscos, a qual é também, quer queira, quer não, uma defesa do *status quo* contra todas as exigências políticas vindas de baixo. É uma ideologia peculiar e uma defesa estranha, pois não consegue, quase por definição, ser muito inspiradora; não é capaz de motivar homens e mulheres à ação – pois isso exigiria uma ligação apaixonada com o modo como as coisas são, em vez de uma simples reflexão triste sobre o modo como eram. A reflexão é mais uma desculpa para o fracasso que um programa para o sucesso, o que explica por que os poemas que citei são escritos (ou lidos) em tom de lamento. O *status quo* só é defendido retrospectivamente, depois que a coerência toda se acabou e as coisas se despedaçaram como se a dizer: "Vejam como são horríveis as conseqüências da energia apaixonada! Não teria sido melhor jamais ter libertado a maré tingida de sangue?"

"A maré tingida de sangue": repeti essa expressão porque é a chave, não do poema – não afirmo ter essa chave –, mas da visão de mundo que o poema representa. Não posso dizer como Yeats imaginou a maré, mas sei como nós a imaginamos. A maré é a turba, e o sangue de seus membros não é tingido; é ele que tinge. O sangue deles sobe-lhes à cabeça, não se espalha pelo chão; estão excitados e apaixonados, e querem derramar o sangue de seus inimigos. Imaginamos uma turba inebriada de entusiasmo: plebeus enfurecidos, vingativos e invejosos; ou fanáticos religiosos; ou nacionalistas de sangue e solo. E os piores entre eles são os demagogos que os encabeçam, vistos aqui não como manipuladores cínicos ou príncipes maquiavélicos, mas como homens e mulheres que compartilham plenamente das paixões das pessoas que lideram. É isso que a violência apaixonada significa: as emoções são genuínas, motivo pelo qual são tão assustadoras.

Mas essa é a versão desfavorável da história; é verdadeira mas parcial, centrada inequivocadamente nos riscos da paixão (e de modo algum nos riscos da razão). Pensemos agora sobre algumas das pessoas que desafiaram as ordens sociais estabelecidas: os trabalhadores do século XIX fazendo passeatas pelo direito de organizar-se; as agitadoras feministas acorrentando-se aos postes e atacando a polícia na Inglaterra, nas primeiras décadas do século XX; os participantes, negros e brancos, das marchas pelos direitos civis no Sul dos Estados Unidos na década de 1960; seus pares na Irlanda do Norte na década de 1970; os revolucionários "de veludo" nas ruas de Praga em 1989. A lista pretende ser convincente. Ainda assim, deve ter havido pessoas que acharam que o que estavam presenciando – trabalhadores, agitadores, manifestantes – era a maré tingida de sangue. Sinto-me inclinado a dizer abertamente que essas pessoas estavam erradas e que a dicotomia paixão-convicção não se presta à compreensão desses exemplos. O que vemos, em todos eles, é convicção energizada pela paixão e paixão refreada pela convicção. E não seria essa a história mais provável – quero dizer, não em sua atratividade, mas em sua negação da dicotomia? A mesma história também pode ser contada sobre líderes e seguidores bem menos atraentes que os homens e mulheres dos movimentos trabalhista, feminista e pelos direitos civis, ou das revoluções de 1989. Com efeito, essa é a verdadeira história. Os moderados irônicos e indecisos ao estilo de Hamlet, e as hordas apaixonadas, sedentas de sangue, de fato aparecem nos registros históricos, mas os partidos e movimentos organizados de muitos tipos diferentes, maus e bons, são muito mais comuns. A política tem a ver sobretudo com pessoas que possuem convicção e paixão, razão e entusiasmo, numa combinação sempre instável. As distinções que fazemos entre essas pessoas, as linhas que traçamos, os lados que escolhemos, não são determinados pelas dicotomias yeatsianas, e sim pelos diferentes fins que essas pessoas buscam, os diferentes meios que adotam nessa busca e as diferentes formas de se relacionar. Uma vez feitas nossas escolhas, por que não devemos esperar para um mundo no qual as pessoas às quais nos opomos seriam assombradas por suas convicções perdidas, enquanto nós estamos cheios de energia apaixonada?

Quero contar agora uma história diferente sobre a paixão na política, uma história que tem ressonâncias liberais mais fortes e que trata, como ainda não fiz, da adaptação moral e psicológica que os teóricos liberais fizeram com pelo menos algumas paixões. Esta segunda história é proposta por Albert Hirschman em *The Passions and the Interests* e pela teoria do imperialismo de Joseph Schumpeter, a que Hirschman faz referência no final de seu livro[8]. Embora seus termos ainda sejam radicalmente dicotômicos, são também reformulados a fim de refletir uma sociologia (e talvez um interesse de classe) bem diferente daquele refletido na tese para a qual utilizei o poema de Yeats como exemplo.

A tese yeatsiana descreve o mundo social com um conjunto de opostos:

convicção	paixão
aristocratas	plebeus
minoria esclarecida	maré tingida de sangue

A tese alternativa começa associando a paixão à guerra e à atividade belicosa e, em seguida, à aristocra-

---

8. Albert O. Hirschman, *The Passions and the Interests: Political Arguments for Capitalism Before Its Triumph* (Princeton: Princeton University Press, 1977); Joseph A. Schumpeter, *Imperialism and Social Classes* (Nova York: Kelley, 1951).

cia, cuja legitimidade histórica, afinal de contas, baseia-se no êxito na batalha. O aristocrata ideal é comprometido com demonstrações de coragem e com a busca de honra e glória, e a concretização por excelência destes fins se dá no triunfo militar. Idealmente, mais uma vez, os aristocratas só lutam contra dragões; salvam inocentes em perigo; defendem seu país. Na prática, todavia, sua exuberância heróica transborda em guerras de agressão e conquista (daí Schumpeter afirmar que os valores aristocráticos são uma das fontes da política imperialista). Como os guardiães de Platão, os aristocratas precisam ser homens de espírito, o que significa que devem ser apaixonados e, na batalha, apaixonadamente enérgicos. Essa energia não se restringe às guerras externas; embora Platão esperasse que seus guardiães fossem ferozes no exterior e bondosos em casa, a paixão aristocrática também ajuda a promover a guerra civil, e, mesmo em tempos de paz, os aristocratas tendem a levar vida dissoluta, duelar e tiranizar os subalternos sociais[9]. Hirschman encontra essa visão da aristocracia principalmente em textos do século XVIII, mas ela já aparece nas cidades da Itália renascentista. "Se refletirmos sobre os objetivos dos nobres e os do povo", escreve Maquiavel em seus *Discursos*, "veremos que os primeiros têm um grande desejo de dominar, enquanto os últimos têm apenas o desejo de não ser dominados... viver no gozo da liberdade."[10]

---
9. Para o argumento de Platão, ver *A República* II. 375.
10. Nicolau Maquiavel, *"The Prince" and "The Discourses"*, trad. para o inglês de Christian E. Detmold (Nova York: Modern Library, 1940), pp. 121-2. [Trad. bras. *O príncipe*, São Paulo, Martins Fontes, 3.ª ed., 2004. *Discursos sobre a primeira década de Tito Lívio*, São Paulo, 1.ª ed., 2007.]

Os aristocratas são homens perigosos. Talvez eu deva dizer: os homens aristocráticos são perigosos. Apesar da identificação costumeira entre a paixão e as mulheres tanto na literatura religiosa como na secular, as mulheres são tão radicalmente excluídas da esfera política que as encarnações da energia apaixonada, tanto na ação quanto na discussão políticas, são em geral masculinas. Um certo sentimentalismo pré-político é freqüentemente atribuído às mulheres pelos homens, bem como uma sexualidade antipolítica e destrutiva, mas não uma energia especificamente política. Ao contrário, a paixão do aristocrata pela glória, ao menos do ponto de vista de seus inimigos mercadores e artesãos, é descrita como uma avidez (masculina) pela dominação e pelo sangue.

A imagem oposta é a do bom burguês calmamente buscando seus lucros, calculando suas vantagens no mercado, ganhando e gastando, desfrutando de sua liberdade. O burguês sabe que tanto seu comércio quanto seu prazer exigem paz; sua racionalidade instrumental gera a civilidade urbana e o que os autores do século XVIII chamaram de *doux commerce*. É claro que ele também é movido pela paixão; mas a paixão pelo ganho (e pelo prazer) leva as pessoas a agir, na maioria das vezes, dentro das restrições da lei e da ordem. Na literatura examinada por Hirschman, essa paixão é isolada e reconcebida como "interesse", enquanto a paixão pela glória retém seu antigo nome e suas antigas conotações de entusiasmo, energia e violência irrestritos. A afirmação de Samuel Johnson de que "há poucas maneiras mais inocentes de um homem se ocupar que ganhando dinheiro" pode, como diz Hirschman, subestimar as conseqüências sociais do capitalismo[11], mas captura perfeitamente o espírito de minha segunda história e estabelece suas dicotomias alternativas:

        guerra   comércio
        paixão   interesse
        aristocracia   burguesia

O mais importante aqui é a substituição da convicção (ou princípio, ou razão moral) pelo interesse. Há algo de arrogante na convicção, o que limita seu alcance social. Ela é associada classicamente às melhores pessoas, à minoria esclarecida, sejam elas concebidas como membros de uma elite aristocrática ou intelectual. Mas os interesses pertencem a mais gente – na verdade, a todos. Como todos temos interesses e todos nos ocupamos em ganhar dinheiro (ou em pensar em ganhar dinheiro), estamos todos sujeitos à racionalidade instrumental do *doux commerce*. Se é difícil imaginar uma política regida inteiramente pela convicção, é fácil imaginar uma política regida pelo interesse[12]. Essa é a forma que o liberalismo efetivamente assume no mundo; é através do reconhecimento do interesse que o liberalismo acomoda-se com as paixões – ao mesmo tempo que ainda exclui as formas

---

11. Hirschman, *The Passions and the Interests*, pp. 57-9. A citação é extraída de James Boswell, *Boswell's Life of Johnson* (Nova York: Oxford University Press, 1933), vol. I, p. 567.

12. David Hume, ao lado de outros autores do século XVIII, aceita e aprova uma outra paixão, "a benevolência em relação aos estrangeiros", mas esta é "fraca demais", afirma, "para contrabalançar o amor pelo ganho". Essa última paixão pode ser dirigida; não pode ser substituída; move a vida econômica e política. Ver Hume, *Moral and Political Philosophy*, Henry D. Aiken (org.) (Nova York: Hafner, 1948), p. 61.

mais violentas de apego e luta. A política dos indivíduos interessados e dos grupos de interesses concorrentes permite o conflito, mas pára muito aquém da guerra civil; ela condena explicitamente ao ostracismo as paixões belicosas e faz o mesmo, implicitamente, com as paixões da filiação. Os autores liberais racionalizam essa política ao chamá-la de racional, o que, com efeito, ela muitas vezes é – e sempre deveria ser. A defesa de Tocqueville do "interesse próprio, devidamente compreendido" simplesmente reinstaura a dicotomia razão-paixão com todas as antigas valências[13].

Essa visão positiva do interesse tem sido uma característica comum do pensamento liberal desde o século XVIII – embora alguns defensores recentes do discurso ideal e da democracia deliberativa pareçam favorecer a convicção. Creio que eles pensam que o interesse ainda está muito próximo da energia apaixonada. Ao contrário, a identificação da aristocracia com a paixão, especialmente com a paixão violenta, tem uma história bem mais breve. Ela atendeu a um determinado objetivo nas guerras de classe do início da era moderna, mas a vitória do liberalismo burguês, onde quer que tenha ocorrido, rapidamente produziu uma espécie de adaptação aristocrática. Aristocratas tornaram-se diplomatas em vez de guerreiros, assumindo as relações exteriores de muitos dos novos regimes constitucionais ou republicanos. Internamente, eles dominaram o "Quem É Quem" como patronos da alta cultura e árbitros do bom gosto. Alternativamente, figuraram na literatura popular, e às vezes no mundo

---

13. Ver Alexis de Tocqueville, *Democracy in America*, J. P. Mayer (org.) e Max Lerner, trad. para o inglês de George Lawrence (Nova York: Harper and Row, 1966), vol. 2, parte II, pp. 497-501. [Trad. bras. *A democracia na América*, São Paulo, Martins Fontes, lvs. I e II, 1998.]

real, como "*playboys*" decadentes, parasitários e cínicos (as "*playgirls*" vêm de uma classe social inferior), movidos pela luxúria, mas definitivamente avessos a sangue. Por conseguinte, torna-se necessário atribuir uma nova focalização social às paixões perigosas. A antiga localização plebéia, contudo, é agora um território contestado, pois uma das grandes conquistas do marxismo foi estabelecer esta verdade simples – a de que a classe trabalhadora tem interesses racionais –, exigindo, assim, que a energia apaixonada fosse localizada em outra parte[14]. Embora Marx obviamente esperasse que os trabalhadores se mostrassem perigosos para seus opressores capitalistas, eles não eram socialmente perigosos. Em princípio e de fato, não espalhariam a anarquia pelo mundo; produziriam suas próprias formas de coerência social, suas próprias maneiras de manter as coisas em ordem. A consciência de classe era e é uma disciplina racional; os marxistas, bem como os esquerdistas e os progressistas em geral, defenderam que a consciência de classe seria imune às formas de paixão irracional que eles identificavam com a religião e o nacionalismo. Na historiografia marxista, embora nem sempre nos fatos, a religião e o nacionalismo encontrariam seus partidários mais fervorosos não na classe trabalhadora, mas na pequena burguesia e no lumpemproletariado.

Essa tese foi revivida nos últimos anos pelos críticos da política de identidade e de fortalecimento. A classe, afirmam, ajuda a promover o comportamento político racional porque associa as pessoas com base

---

14. Ver John Elster, *Making Sense of Marx* (Cambridge: Cambridge University Press, 1985), para uma discussão que ressalta esse aspecto do marxismo.

em seus interesses econômicos comuns, na busca de uma emancipação individualista, enquanto a etnia tem suas raízes no nascimento e no sangue e, por conseguinte, nas paixões coletivas e irracionais que esses dois elementos geram – daí o relativo comedimento da luta de classes comparada à guerra étnica. Os interesses em jogo na primeira sempre podem ser negociados; a segunda é, como a própria paixão, tudo ou nada[15]. Provavelmente existe algo de verdadeiro nas comparações que essa distinção torna possíveis, mas não muito. Qualquer um que tenha vivido um pouco no século XX viu a guerra de classes, movida pela inveja, pelo ressentimento e pela paranóia, tornar-se uma justificativa para expurgos e massacres, torturas no âmbito do judiciário e encarceramento arbitrário, campos de concentração e trabalho forçado. Ao mesmo tempo, os movimentos pela libertação nacional e pela justiça racial e sexual lançaram apelos racionais ao mundo e impuseram limites morais a seus próprios ativistas[16]. A tese, portanto, não se sustenta. Temos de definir melhor as distinções entre as formas de política de classe e política racial/étnica/sexual de que gostamos e aquelas que tememos. A dicotomia entre interesse e paixão é provavelmente ainda menos útil para esse fim do que a dicotomia entre o bem e o mal. É nosso senso de bondade e maldade que realmente determina nossas opiniões.

---

15. Para um exemplo representativo, ver Bogdan Denitch, *Ethnic Nationalism: The Tragic Death of Yugoslavia*, ed. rev. (Mineápolis: University of Minnesota Press, 1996).
16. Ver o ensaio de Iris Marion Young, "Social Difference as a Political Resource", em *Inclusion and Democracy* (Oxford: Oxford University Press, 2000), cap. 3, esp. pp. 109-10.

Mas se identificamos as paixões boas e más através das causas em que estão envolvidas, e se julgamos essas causas racionalmente, não teremos reinstalado, de novo, a velha dicotomia, com a razão ainda na posição suprema? Talvez tudo que eu tenha conseguido aqui seja aceitar uma parcela maior de nossa vida apaixonada no mundo legítimo. Da mesma forma que a paixão pelo ganho foi promovida para o reino da respeitabilidade, por assim dizer, também desloquei as paixões da afiliação e do combate para o mesmo reino: a primeira dessas paixões, a ganância, como costumava ser chamada, torna o comportamento de mercado compreensível; as duas seguintes, a solidariedade e a hostilidade, explicam boa parte do comportamento político[17]. Mas todas elas ainda precisam ser racionalizadas – ou seja, como disse Tocqueville, precisam ser adequadamente compreendidas e bem direcionadas –, e elas, por si mesmas, não nos facilitam nem o entendimento nem o direcionamento.

Portanto, esta é minha tese até aqui: a energia apaixonada tem seu lugar legítimo no mundo social, não apenas quando estamos ganhando dinheiro, mas também quando estamos escolhendo aliados e lutando contra adversários. Esta extensão da legitimidade racional à paixão política me parece uma revisão proveitosa da teoria liberal, que se preocupou demais nos últimos anos com a construção de procedimentos deliberativos desapaixonados. Essa revisão abre o caminho para que se explique de maneira mais satisfató-

---

17. Ver Diane Rothbard Margolis, *The Fabric of Self: A Theory of Ethics and Emotions* (New Haven: Yale University Press, 1998), cap. 5, para uma explicação sobre como as emoções do apego e da repulsa figuram no que ela chama de "o eu obrigado" e "o eu cívico".

ria os vínculos e os conflitos sociais e para que se dêem respostas mais explícitas e mais cuidadosas à inevitável pergunta política: "De que lado você está?"

Penso que a antiga dicotomia deve ser negada de modo ainda mais radical. Não que a razão e a paixão não possam ser diferençadas conceitualmente; venho fazendo essa diferenciação ao longo de todo este capítulo. Na prática, porém, elas estão sempre enredadas – e essa própria confusão exige uma explicação conceitual. Assim, tenho a pretensão de tornar menos distinta a linha entre razão e paixão: racionalizar as paixões (algumas delas) e apaixonar a razão. Creio que nossos sentimentos estão implicados na compreensão prática, bem como na defesa política, do bem e mesmo da justiça. Vou defender esta proposição simples sem elaborar nada parecido com uma psicologia teórica. Este objetivo pode ser alcançado com uma ilustração que apele somente para uma visão de senso comum de nossos sentimentos.

Consideremos o caso da agressão militar, freqüentemente identificada – por Schumpeter, por exemplo – com as más paixões (um exemplo útil de psicologia do senso comum). Mas nossa hostilidade à agressão é tão apaixonada quanto a própria agressão. Por trás dessa hostilidade, creio que existe uma imagem mental de pessoas iguais a nós vivendo calma e pacificamente em seu devido lugar, em seus lares, em sua terra natal. Elas são atacadas sem causa legítima (essa é a definição de agressão), e suas famílias, seus amigos, suas metrópoles e cidades são ameaçados de destruição, talvez destruídos de fato. Certamente, nossa condenação racional do ataque não pode ser compreendida sem uma referência a essa imagem mental. Na verdade, ela deriva dessa imagem; ela depende de nossa identificação emocional com essas pessoas, que são as imagens projetadas dos homens e das mulheres com quem vivemos, em casa e em paz. Identificações dessa espécie são obras das paixões de filiação, e realmente moldam tanto nossa resposta à agressão quanto as paixões pelo triunfo e pela dominação moldam a própria agressão. A energia apaixonada fica evidente nos objetivos e nas ações de ambos os lados. E assim também ocorre com a convicção racional, pois os agressores provavelmente acreditam – ao menos é o que provavelmente ouvirão dos amigos políticos e, então, dirão a si mesmos – que têm um direito legítimo à terra que estão atacando. "Posso, com justiça e boa consciência, fazer esta reivindicação?"* – o Henrique V de Shakespeare pergunta ao arcebispo de Cantuária antes de invadir a França, e, é claro, lhe é dito que sim. O restante de nós, todos observadores racionais, está firmemente convencido de que travessias violentas de fronteiras, como a de Henrique, representam uma ameaça universal. É assim que as coisas realmente são: existem combinações "boas" e "más" de razão e paixão, as quais distinguimos racionalmente e apaixonadamente.

Vistos de uma distância adequada, é provável que os agressores se pareçam com a maré tingida de sangue. Talvez sejam um bando de tropas irregulares propensas ao estupro e à pilhagem. Mas eles também podem facilmente ser, o que acontece com mais freqüência, um exército disciplinado cujos líderes militares ou políticos estão apaixonadamente concentrados no ato da conquista (eles podem também estar racionalmente concentrados nisso). A energia apaixonada,

---

* *"May I with right and conscience make this claim?"*. (N. da T.)

na verdade, não tem nenhuma forma social fixa. Ela pode corporificar-se igualmente bem nos saqueadores e nos exércitos, nas hordas e nos movimentos. Ela também não tem uma base social fixa. Um conjunto particular de paixões (ou razões), num tempo e num lugar específicos, pode estar ligado a uma classe econômica ou a um grupo étnico. Mas essas ligações todas são instáveis, e muitas delas são em grande medida imaginárias. As teses históricas que ligam a energia apaixonada à plebe ou à aristocracia, ou o interesse racional à burguesia ou à classe trabalhadora, são, elas próprias, apaixonadas e interessadas – ideológicas no sentido original da palavra. Assim como não existe um mapa psicológico, também não existe um mapa sociológico que forneça uma orientação segura para nossas escolhas políticas.

Ainda assim é preciso escolher entre o bem e o mal. Portanto, a que esses termos morais se referem no mundo político? Embora já tenha respondido a essa pergunta da melhor forma que pude, permitam-me agora fazer uma declaração resumida. O que os cientistas políticos denominam tomada de decisões não é a preocupação mais importante da política. Os líderes políticos têm mesmo de tomar decisões, é claro, e suponho que o devem fazer de modo racional e desapaixonado. Mesmo isso não está de todo claro; muitos crimes foram cometidos por líderes que reprimem seus sentimentos de solidariedade e agem em nome de uma *realpolitik* puramente racional. Em todo caso, antes que esses líderes possam decidir a respeito de assuntos importantes, eles têm de chegar ao poder; precisam organizar seus seguidores, constituir um partido, definir um programa, fazer campanhas para obter mais apoio contra os outros partidos e programas e assumir o governo. Essa competição pelo poder é o principal modelo de vida política, sendo mais bem compreendida como uma disputa entre grupos organizados e diferenciados em maior ou menor grau. Descrevi a forma democrática dessa disputa (que parecia desagradar a Yeats), mas ela pode assumir diversas formas. A idéia básica é que, sem grupos em conflito, não haveria política nenhuma, ou nada que identificássemos como política.

Portanto, o juízo crucial que se deve fazer não é quanto a que decisão favorecer, mas quanto a qual grupo se filiar (ou a qual grupo manter-se fiel, ou de qual deles se desligar). Esse juízo crucial é o que o escritor italiano Ignazio Silone chamou de "escolha dos camaradas"[18]. Parece-me que fazemos essa escolha tendo como referência um conjunto de critérios complexos e interligados de maneira intrincada. Mesmo estando fora de moda atualmente, a palavra *camarada* é útil, porque, ao sugerir que o grupo tem laços afetivos fortes, exige de nós que incluamos a qualidade desses laços entre os critérios pertinentes. Afiliar-se a um grupo de camaradas (ou manter-se ligado a ele) não é igual a entrar na fila de uma bilheteria; não é igual a filiar-se a uma "série" de Sartre. Nem mesmo é igual a assinar uma declaração de apoio a um candidato ou a uma política, quando acrescentamos nossos nomes a uma lista cujos signatários nos são, em sua maioria, desconhecidos. Escolher camaradas envolve não só um comprometimento moral ou material, mas também um comprometimento emocional

---

18. Ignazio Silone, *Emergency Exit* (Nova York: Harper and Row, 1968), cap. 7 (trad. para o inglês de Harvey Fergusson).

– razão pela qual a escolha nada mais é, muitas vezes, que a reafirmação de laços que já existem. Não há dúvida de que essa escolha também é determinada pela crença de que temos convicções e interesses comuns com essas pessoas, a quem agora prometemos nossa solidariedade. Mas ninguém que tenha se engajado ativamente na política acredita que a concordância racional ou os cálculos de interesse possam esgotar a idéia de comprometimento político.

Quando dizemos que vale a pena escolher um grupo desse tipo, quando dizemos que o grupo é bom, tal afirmação pode ser analisada por meio dos termos que venho utilizando: queremos dizer, em primeiro lugar, que as convicções expressas no programa do grupo são racionalmente defensáveis; em segundo lugar, que os interesses que ele defende devem ser defendidos; e, em terceiro lugar, que os sentimentos de solidariedade e de afeição que seus membros externam são atraentes – são sentimentos dos quais já compartilhamos ou que gostaríamos de compartilhar. A situação real, naturalmente, é sempre mais ambígua. O programa do grupo é uma mistura de vários elementos, alguns deles mais fáceis de defender do que outros. Os interesses defendidos pelo grupo, mesmo quando compreendidos de maneira apropriada, muitas vezes são conflitantes com outros interesses que também devem ser defendidos. Os sentimentos dos afiliados podem incluir uma mágoa ou um ódio terríveis contra os inimigos políticos, algo de que talvez não queiramos compartilhar. Temos de julgar a coisa toda de ponta a ponta, e nesse processo provavelmente não realizaremos a análise sumamente artificial que acabei de propor, a qual não leva em conta o emaranhado inevitável de convicção e paixão que dá forma a todos os nossos juízos. Certamente não procuraremos grupos cujos membros tenham apenas convicções ou apenas interesses e nenhuma paixão. De qualquer forma, esses grupos não existem.

Tudo isso me parece óbvio, tão óbvio que me perguntei muitas vezes, enquanto escrevia este capítulo, sobre como poderia dizer algo, a título de conclusão, que fosse estimulantemente novo ou mesmo levemente provocativo. Entretanto, as dicotomias que opõem a energia apaixonada a algum tipo de racionalidade baseada em interesse ou em princípios – calor contra luz – estão tão difundidas no pensamento político que talvez baste dizer, simplesmente, que são inúteis, que não correspondem a absolutamente nada na experiência real do engajamento político. Isso não é um argumento contra a razão; na verdade, tentei apresentar razões para construí-lo. Mas é um corretivo poderoso e importante do racionalismo liberal.

E há ainda uma conclusão adicional, uma outra correção, a qual, às vezes, defendi explicitamente, e outras vezes apenas insinuei ou sugeri: nenhum partido político que se posicione contra as hierarquias estabelecidas do poder e da riqueza, nenhum movimento pela igualdade ou pela libertação nacional, pela emancipação ou pelo fortalecimento jamais triunfará, a menos que desperte as paixões de filiação e as paixões e combativas das pessoas que se encontram na extremidade mais baixa das hierarquias. As paixões que irá despertar certamente incluirão a inveja, o ressentimento e o ódio, uma vez que são estas as conseqüências habituais da dominação hierárquica. Elas também são os demônios emocionais da vida política, determinados a evocar as ansiedades expressas, ou lidas, nos poemas de Donne e Yeats – ansiedades que, suponho, todos partilhamos, e com razão. Mas a raiva diante da injustiça e o sentimento de solidariedade também estão entre as paixões despertas pela política anti-hierárquica, o que significa que temos também um bom motivo para não sucumbir tão cedo à ansiedade. Talvez as coisas não desmoronem; talvez o centro consiga se manter firme; talvez um novo centro venha a se formar. Enquanto isso, não há como filiar-se aos partidos e movimentos que lutam por maior igualdade e apoiar as paixões e convicções boas contra as más, senão... apaixonadamente.

CONCLUSÃO

Igualdade global

Tenho concentrado minha argumentação na sociedade nacional – de maneira adequada, uma vez que o liberalismo é, acima de tudo, uma teoria nacional destinada a tratar das ações dos indivíduos entre si e com o Estado. A justiça de Estados e sociedades específicos e os direitos dos indivíduos como cidadãos e estrangeiros: são estas as suas preocupações principais. Mas as maiores desigualdades, a miséria mais aterradora, as formas mais horríveis de degradação humana existem, hoje, na sociedade internacional – o que quer dizer que elas são atribuíveis (em parte) a políticas e práticas econômicas que têm alcance global, e são mensuráveis através das fronteiras dos Estados. Apesar de suas grandes desigualdades internas, alguns países estão extremamente empobrecidos, desesperadamente pobres, enquanto os habitantes de outros levam uma existência confortável e até mesmo próspera.

Após os ataques de 11 de setembro de 2001 em Nova York e Washington, alguns autores progressistas e esquerdistas afirmaram que essas desigualdades eram a causa fundamental do terrorismo internacional – como se quisessem nos dar um novo motivo para nos opormos a elas. Esse argumento me parece falso, tanto para a sociedade nacional quanto para a global, porque, se assim fosse, o terrorismo estaria muito mais amplamente espalhado do que está (e muito mais predominante e poderoso na África subsaariana que no Oriente Médio). A pobreza desesperada ajuda a promover, com mais freqüência, a passividade política – mas às vezes, também, a oposição e a revolta. Quando as circunstâncias históricas favorecem a revolta, suas formas são determinadas principalmente pela cultura e pela ideologia, não somente pela pobreza ou pela desigualdade. As lutas pela emancipação e pelo fortalecimento são as formas mais comuns de revolta e, mesmo quando são exaltadas e apaixonadas, não necessariamente incluem o terrorismo como um de seus métodos. A necessidade de derrotar o terrorismo não é um argumento particularmente adequado para tentar reduzir a desigualdade. Há argumentos mais antigos e melhores, que dizem respeito ao sofrimento humano que o poder e a riqueza irrestritos inevitavelmente geram. O terrorismo é uma questão diferente, e os imperativos morais e políticos que ele gera também são. Precisamos tratar da desigualdade por si mesma, por causa de suas conseqüências imediatas para os indivíduos subordinados e empobrecidos. Portanto, como devemos lidar com os efeitos perversos da hierarquia global?

É fácil apresentar a resposta mais coerente com a teoria política liberal – e um bom número de teóricos liberais já respondeu dessa forma. Eles afirmam que devemos, agora mesmo, tomar todas as medidas necessárias para reproduzir na arena internacional o êxito nacional do liberalismo. Devemos defender os direitos humanos dos indivíduos em todo o mundo e procurar agências internacionais que possam assumir pelo menos algumas das funções do Estado liberal: redistribuir os recursos para permitir ao maior número possível de indivíduos a busca da felicidade; sustentar um ambiente habitável para todos os habitantes do mundo; manter um sistema de execução da lei voltado para a proteção eqüitativa de homens e mulheres, ricos e pobres e assim por diante. A tendência teórica do liberalismo – mesmo quando a prática fica muito atrás – é na direção de um regime global que se relacione diretamente, com o mesmo respeito e preocupação, com todo e qualquer indivíduo[1].

Um regime desse tipo parece mais viável hoje do que parecia há apenas algumas décadas. O desenvolvimento de uma versão internacional da sociedade civil abre caminho para modelo liberal típico de mediação entre o indivíduo e o regime, que é o trabalho dos movimentos sociais e dos grupos de interesse. Muitas organizações desse tipo já existem e tiveram

---

1. O livro pioneiro é Charles R. Beitz, *Political Theory and International Relations* (Princeton: Princeton University Press, 1979). Obras mais recentes incluem Thomas Pogge, *Realizing Rawls* (Ithaca, NY: Cornell University Press, 1989); Darrel Moellendorf, *Cosmopolitan Justice* (Boulder, Colo.: Westview Press, 2002); Ian Shapiro e Lea Brilmayer (orgs.), *Global Justice (Nomos XLI)* (Nova York: New York University Press, 1999); e Thomas Pogge (orgs.), *Global Justice* (Oxford: Blackwell, 2001). *The Law of Peoples* (Cambridge, Mass.: Harvard University Press, 1999), de John Rawls, é uma tentativa de negar, ou pelo menos de limitar, a aplicabilidade de sua própria teoria liberal à sociedade internacional. [Trad. bras. *O direito dos povos*, São Paulo, Martins Fontes, 2001.]

um certo impacto político, embora seja difícil quantificá-lo. A característica mais interessante de grupos como a Anistia Internacional, a Human Rights Watch, a Oxfam, os Médicos sem Fronteiras, o Greenpeace e muitos outros é que recrutam funcionários, membros e simpatizantes do mundo inteiro e defendem os interesses de homens e mulheres em diversos países[2].

Seu trabalho ainda não encontrou paralelo nos grupos voltados para a redistribuição econômica, mas depois das manifestações em Seattle, em 1999, durante a Conferência Ministerial da Organização Mundial do Comércio, é possível imaginar uma versão global da socialdemocracia: partidos e sindicatos comprometidos com os princípios universalistas, direcionando sua energia, na ausência de um Estado global, para agências como a OMC e o Banco Mundial, que atuam de forma semelhante à do Estado.

Essa política liberal emergente reproduz no nível da sociedade internacional o que chamei de modelo emancipatório. A Anistia Internacional e o Greenpeace são exemplos óbvios de associações voluntárias: elas são os equivalentes internacionais da American Civil Liberties Union [União Americana pelas Liberdades Civis] e do Sierra Club*. Agem em nome das pessoas fracas e vulneráveis. Uma política redistributiva globalmente eficaz exigiria que os partidos políticos e os sindicatos de trabalhadores, que até agora foram organizações nacionais (mesmo quando se auto-inti-

---

2. Para um estudo inicial e criterioso sobre a sociedade civil internacional, ver Paul Wapner, *Environmental Activism and World Civic Politics* (Albany: State University of New York Press, 1996); para um estudo mais recente, ver John Keane, *Global Civil Society?* (Cambridge: Cambridge University Press, 2003).

* Fundada em 1892, é a mais antiga organização ambientalista americana. (N. do R.)

tulam internacionais), gerassem uma equivalência semelhante, agindo ou cooperando sem levar em conta as fronteiras, visando uma versão global do poder compensatório. Mas os sindicatos ainda não encontraram agências internacionais que possam lhes dar o tipo de apoio que o Estado americano deu ao Congresso das Organizações Industriais (CIO, na sigla em inglês) nas décadas de 1930 e 1940. Até agora, nenhuma das associações da nova sociedade civil internacional conseguiu mobilizar as massas; todas essas associações dependem da energia apaixonada de relativamente poucos ativistas e militantes. Tampouco está claro onde se localiza o espaço político da sociedade civil internacional. Caso decidam agir em conjunto, onde os trabalhadores do mundo poderão se reunir? Como os homens e mulheres espalhados por todos os ambientes ameaçados do mundo poderão encontrar um caminho rumo a uma geografia comum e a um programa comum? No entanto, a emancipação global é uma política real, mesmo que ainda não seja obra da maioria.

A maioria está muito mais envolvida com grupos particularistas e religiosos – entre eles, de maneira mais significativa, os Estados nacionais e, em alguns lugares, os movimentos de libertação nacional que buscam a condição de Estado. Sob a perspectiva da política de emancipação, contudo, os Estados atuais são organizações estreitas e obstrucionistas (e é improvável que os Estados que ainda virão sejam muito diferentes)[3]. O avanço dos direitos humanos e o êxito

---

3. Para uma crítica dura da soberania estatal, ver Brian Barry, "Statism and Nationalism: A Cosmopolitan Critique", em Shapiro e Brilmayer (orgs.), *Global Justice*, pp. 12-66. Para uma defesa, pela qual sou grato, ver Neil A. Englehart, "In Defense of State Building: States, Rights, and Justice", *Dissent* (outono de 2003): 18-22.

da redistribuição dependem da erosão da soberania estatal, de forma que os padrões trabalhistas internacionais, por exemplo os direitos das mulheres ou a segurança das minorias étnicas e religiosas, possam ser definidos e impostos universalmente. A emancipação global *é*, ao menos em parte, o afrouxamento das garras do Estado soberano sobre seus membros individuais – assim como a emancipação nacional foi, em parte, o afrouxamento das garras das comunidades étnicas e religiosas sobre seus membros.

É necessário imaginar a soma de identidades mistas, com cada nova identidade restringindo a anterior: primeiro há um católico, digamos, depois um ítalo-católico, depois um ítalo-católico americano e, em seguida (preciso inventar um nome para este último acréscimo), um ítalo-católico americano universalista. Acrescentar *ítalo* significa que *católico* não conta mais a história completa da filiação e da lealdade daquela pessoa; acrescentar *americano* significa que *ítalo-católico* não conta mais sua história completa, e assim por diante. Novos acréscimos ajudam a promover indivíduos mais complexos e provavelmente mais livres; é mais fácil sair dos grupos mistos e das identidades pluralizadas do que sair dos grupos e das identidades únicos. No fim, os homens e mulheres emancipados simplesmente escolhem quem e o que serão.

Para qualquer pessoa interessada em mais igualdade, a emancipação global é uma política necessária. Mas ela não consegue se sustentar sozinha; seus compromissos individualistas e voluntaristas reproduzem as fraquezas típicas do liberalismo nacional. A emancipação global requer a mesma sofisticação e revisão sociológicas em que venho insistindo neste livro. As desigualdades da sociedade internacional são tanto de classe/econômicas quanto categoriais/políticas: homens e mulheres individuais que ocupam os postos mais baixos da hierarquia global ali estão porque são pobres, evidentemente, mas também porque são (sem ter optado por isso) congoleses, ruandenses, bengalis – ou curdos ou palestinos. Seu destino é determinado por sua localização, por seus pais e por sua nacionalidade.

Todos esses fatores são "arbitrários do ponto de vista moral", de acordo com a teoria liberal[4]. Eles não devem ser levados em conta; num mundo justo, não seriam. Somente os direitos individuais contariam. Esse argumento, porém, embora não esteja exatamente errado, me parece incompleto. A localização geográfica e a filiação nacional não devem ser levadas em conta, mas só porque as pessoas comuns não dispõem de chance de tirar o melhor proveito de seu país e de sua nação. Se um dia conseguirmos lhes dar essa chance, o argumento da arbitrariedade moral terá de ser modificado. Hoje há muitas pessoas no mundo que são pobres e desprovidas de poder porque vivem em Estados fracos e desorganizados, que foram tomados por elites predatórias ou gangues em guerra. Nas circunstâncias mais terríveis, quando sobrevém a fome ou os massacres, essas pessoas podem ter de ser resgatadas por meio de intervenção estrangeira; talvez este seja o único modo de salvá-las. No longo prazo, entretanto, o que mais precisam é de um Estado fortalecido e eficaz. Embora elas devam ser auxiliadas a criar tais Estados, essa criação, em última instância,

---

4. Essa expressão vem de John Rawls, *A Theory of Justice* (Cambridge, Mass.: Harvard University Press, 1971), p. 72. [Trad. bras. *Uma teoria da justiça*, São Paulo, Martins Fontes, 3ª ed., 2008.]

deverá ser fruto de seu próprio trabalho – e esse trabalho não é arbitrário do ponto de vista moral. Quando for realizado, se for, os filhos dos construtores do Estado estarão em melhor situação por causa de sua localização, de seus pais e de sua nacionalidade. Terão direito aos benefícios decorrentes do esforço político empreendido em seu nome e terão orgulho de exigir esses benefícios.

A carência de Estados eficientes é amplamente reconhecida na comunidade internacional, cujos líderes admitem a necessidade de "construção nacional" após cada crise local (na Bósnia, em Kosovo, em Ruanda ou no Timor Leste, por exemplo) – ainda que a maioria deles não esteja disposta a comprometer seus próprios países com o custo indispensável. E a construção nacional é, na verdade, a construção do Estado: requer a criação de instituições capazes de manter a lei e a ordem, coletar impostos, prover serviços, bem como de financiar e dar forma à atividade econômica. Uma sociedade global desejável terá agências reguladoras internacionais fortes, com o poder de fazer valer suas regras[5]. Mas ela também terá sua própria versão do multiculturalismo: um pluralismo de Estados capazes de fornecer feijão com arroz a seus cidadãos.

A condição de Estado é uma forma de reconhecimento – literalmente: na sociedade internacional, reconhecemos Estados, não indivíduos. As pessoas sem nacionalidade gostariam de ter esse tipo de reconhe-

---

5. Iris Marion Young apresenta uma explicação proveitosamente extensa dos "regimes regulatórios" indispensáveis para uma sociedade internacional decente em *Inclusion and Democracy*, cap. 7, esp. pp. 267-8.

cimento; ele é uma fonte de orgulho, e os cidadãos dos Estados fracos também são, freqüentemente, carentes desse reconhecimento e sensíveis ao menor desrespeito a seus direitos de soberania. Todavia, não devemos superestimar o reconhecimento em si, pois suas recompensas são insuficientes para as necessidades das pessoas mais desvalidas. Ele é mais bem compreendido, tanto na sociedade internacional como na nacional, como um dos pré-requisitos da redistribuição efetiva. As pessoas precisam de Estados que tenham um lugar reconhecido na sociedade de Estados. Mas precisam ainda mais de Estados fortes, Estados com burocracias relativamente livres de corrupção: estes são os melhores receptores e os melhores redistribuidores do socorro e da ajuda globais. Na economia do mundo capitalista, eles também podem proporcionar alguma proteção contra os especuladores piratas e os empresários inescrupulosos (mas a proteção do Estado será mais eficaz se os especuladores e empresários forem obrigados a agir de acordo com um conjunto de restrições internacionais). Estados fortes podem acolher e dar assistência a indústrias embrionárias; podem organizar a educação e o treinamento profissional dos cidadãos e trabalhadores; e podem prover os serviços assistenciais indispensáveis segundo formas culturalmente específicas que reflitam o pluralismo real da sociedade internacional.

Por que esse pluralismo é inevitável e mesmo moralmente necessário? Por todos os velhos motivos: porque a maioria dos homens e mulheres é apegada à sua identidade político-cultural, além de fiel aos Estados que representam (ou toleram e protegem) essas identidades. A maioria deles quer ser governada por pessoas que possam reconhecer como iguais – pessoas que estejam familiarizadas com seus costumes e crenças comuns. É provável que mesmo os radicais e reformistas entre eles, que se esforçam para mudar alguns desses costumes e que desafiam regularmente algumas dessas crenças, queiram que sua oposição cresça a partir do interior da comunidade. Eles ainda conservam uma ligação profunda: é a sua própria comunidade que pretendem reformar. Estarão comprometidos com o modelo de fortalecimento, como nós devemos estar, mesmo que eles/nós também forem/formos emancipacionistas.

Creio que esse argumento se aplica mesmo aos Estados com importantes minorias nacionais e às sociedades de imigrantes nas quais não há nada remotamente parecido com um conjunto único de costumes e crenças comuns. O melhor tipo de Estado é o que promove uma cultura política comum à qual seus membros podem se apegar fortemente e que oferece serviços pelos quais seus membros podem ser gratos. As minorias étnicas e religiosas se acostumam até mesmo com as tensões de sua coexistência, contanto que vivam em Estados que não sejam discriminatórios ou opressivos. Não há motivo para pensar que elas consideram seu próprio Estado intercambiável com todos os outros, ou seu governo substituível por algum grupo de burocratas globais (embora elas possam receber bem algumas restrições globais ao que seu Estado pode fazer).

Nesse ponto, um crítico progressista poderia insinuar: "Acaso a sofisticação sociológica aqui recomendada não implicaria a rendição às tendências mais retrógradas da política internacional? Ela propõe o fortalecimento dos Estados nacionais e o respeito à sua soberania (mesmo que também tentemos modificá-la)

– incluindo, inevitavelmente, os Estados nacionais mais reacionários. Essa sofisticação sociológica propõe que se reduza a ênfase na busca de um consenso deliberativo pleno entre todos os habitantes do mundo e que se busquem em vez disso, acordos políticos entre os Estados soberanos, bem como entre os Estados e entre as associações civis e agências reguladoras internacionais. E sobre o que seriam os acordos, se não sobre a paixão nacionalista e o dogma religioso? O que isso tem de sofisticado? É claro que seria melhor caminhar tão rápido quanto possível rumo a uma ordem global, um Estado mundial capaz de agir com justiça em relação a todos os seus membros, toda a raça humana concebida como uma comunidade única de indivíduos com direitos."

Concordo que uma política que se comprometa a trabalhar com a população dos Estados irá deparar com alguns Estados detestáveis e repressivos, e que teremos de resolver como lidar com eles, assim como temos de fazer na sociedade nacional, quando deparamos com grupos étnicos chauvinistas ou seitas fundamentalistas. É provável, porém, que uma política comprometida em ir além da vida grupal e em romper as categorias da diferença seja ineficaz (há muitos exemplos disso); e, certamente, será detestável e repressiva à sua própria maneira. Os indivíduos com direitos são também indivíduos com emoções: têm as paixões de filiação que acompanham suas ligações práticas, e, se quisermos fortalecê-los, parte da ajuda de que precisam terá de vir por meio de suas próprias associações políticas. A caminho de se tornar cidadãos do mundo, eles devem ter a oportunidade de ser – e precisam aprender a ser – cidadãos capacitados de um Estado específico.

Portanto, o igualitarismo global requer um processo em dois níveis: primeiro, a ampliação constante do controle internacional, induzido pelos esforços conjuntos de indivíduos de ambos os sexos associados para defender o ambiente, digamos, para pôr fim ao trabalho infantil, modificar os termos das relações comerciais ou redistribuir os recursos; e, em segundo lugar, o fortalecimento dos Estados, induzido pelas exigências de proteção e bem-estar por parte de seus próprios cidadãos, e financiado, em casos críticos (e agora mesmo há vários deles), pelas agências internacionais[6]. Sim, algumas dessas exigências dos grupos de cidadãos serão marcadas pelo fervor comunitário e refletirão seus excessos; alguns dos Estados fortalecidos entrarão em conflito uns com os outros e com as agências internacionais recém-fortalecidas. E é verdade que o padrão redistributivo resultante nunca será plenamente igualitário: será um padrão mediado, e as agências mediadoras e os diversos Estados do sistema mundial de Estados múltiplos alcançarão níveis de eficácia distintos no controle da corrupção, no acúmulo de recursos, no fomento do desenvolvimento econômico e na organização dos serviços de assistência social. Mas esses não são motivos suficientes para optar por uma política contrária aos Estados. O que os pobres do mundo mais precisam são Estados melhores.

Desconfio que os teóricos da política liberal teriam menos dificuldade de se reconciliar com o pluralismo dos Estados se todos os Estados se tornassem

---

6. Para uma descrição de como a redistribuição global poderia funcionar, ver Thomas Pogge, "Priorities of Global Justice", em Pogge (org.), *Global Justice* (Oxford: Blackwell, 2001), pp. 6-23.

democracias liberais[7]. Mais uma vez, é possível refletir melhor comparativamente, em termos do debate nacional sobre o multiculturalismo: seria ótimo se todos os grupos culturais coexistentes fossem associações progressistas, abertas e não-hierárquicas. Mas nenhum pluralismo genuíno jamais culminará numa identidade desta espécie ou mesmo numa semelhança aproximada e difundida disso. O pluralismo ajuda a promover a diferença – ou, de modo inverso, são as diferenças existentes que tornam o pluralismo necessário.

A política emancipacionista, tanto na sociedade internacional como na nacional, pressionará todos os Estados do mundo e todas as associações provincianas para que adotem práticas mais liberais e democráticas. Essa pressão encontrará resistência, mais por parte de alguns grupos que de outros, e essa resistência alcançará diferentes graus de êxito. Nem todos os Estados que têm de ser fortalecidos serão "ótimos" como gostaríamos que fossem. Entretanto, será melhor para os cidadãos se for permitido que seus Estados mobilizem e distribuam recursos e mantenham a lei e a ordem. Ademais, os homens e mulheres que vivem em Estados como esse têm mais chance de participar das associações da sociedade civil internacional do que aqueles que vivem em Estados falidos ou que não têm nacionalidade.

Os modelos de fortalecimento e emancipação funcionam naturalmente juntos. Ou alternadamente. Ou

---

7. O esforço heróico de John Rawls para incluir o que ele chama de "sociedades hierárquicas decentes" numa explicação liberal da sociedade internacional, no que foi muito criticado, sugere esse problema. Ver, de Rawls, *The Law of Peoples*, pp. 64-70; e a crítica de Andrew Kuper, "Rawlsian Global Justice: Beyond *The Law of Peoples* to a Cosmopolitan Law of Persons", *Political Theory* 29, n° 5 (outubro de 2000): 640-74.

é preciso controlá-los e administrar suas contradições. Seja como for, necessitamos de ambos os modelos. Considerados enquanto homens e mulheres individuais, nenhum de nós é completamente autônomo e nenhum de nós está plenamente integrado a, e comprometido com, nenhum dos grupos de que participa. Cada um de nós é único, tão-somente um; e estamos, ao mesmo tempo, intimamente ligados a "outros" específicos, em formas a que resistimos às vezes e que às vezes aceitamos. Precisamos de uma teoria política e de uma política tão complexas quanto a nossa própria vida.

APÊNDICE

A crítica comunitarista do liberalismo

Escrevi este artigo em 1989; publicado em *Political Theory* em fevereiro de 1990, foi republicado muitas vezes desde então. Por ter desempenhado um pequeno papel nos debates do liberalismo/comunitarismo das últimas décadas e por fazer parte agora do registro histórico desses debates, não o modifiquei em nada. Os argumentos que ele apresenta ainda me parecem basicamente corretos, embora eu tenha feito algumas revisões e, espero, aperfeiçoamentos, à medida que os desenvolvi nos capítulos deste livro.

I

Todos sabem que, à semelhança do que acontece na música popular, na arte ou no vestuário, as modas intelectuais têm vida curta. Mas há certos modismos que parecem ressurgir com regularidade. Assim como as calças pregueadas ou as saias curtas, eles representam aspectos variáveis de um fenômeno predominante mais amplo e mais invariável – neste caso, um certo modo de vestir. Suas vidas são breves, mas recorrentes; conhecemos sua transitoriedade e aguardamos o seu regresso. É desnecessário dizer que não há vida após a morte na qual as calças sejam permanentemente pregueadas ou as saias eternamente curtas. Recorrência é tudo.

Embora atue num nível muito mais alto (infinitamente mais alto?) de importância cultural, a crítica comunitarista do liberalismo é como as pregas das calças: efêmera, mas de retorno garantido. Ela é um traço intermitente e constante da política liberal e da organização social. Nenhum êxito liberal eliminará de maneira definitiva os seus atrativos. Ao mesmo tempo, nenhuma crítica comunitarista, por mais penetrante que seja, jamais será algo além de um traço inconstante do liberalismo. Algum dia, talvez, haverá uma transformação maior, como a passagem dos calções dos aristocratas para as calças dos plebeus, tornando o liberalismo e seus críticos igualmente irrelevantes. Por hora, contudo, não vejo nenhum sinal de algo desse tipo, nem estou certo de que devamos esperar por algo assim. No momento, há muito que dizer a favor de uma crítica recorrente, cujos protagonistas esperam apenas pequenas vitórias e inclusões parciais, e que, quando são rejeitados, dispensados ou cooptados, somem de cena por algum tempo só para retornar depois.

Podemos fazer uma comparação proveitosa entre o comunitarismo e a socialdemocracia, que teve êxito em estabelecer uma presença permanente, lado a lado com a política liberal e, às vezes, associada a ela. A socialdemocracia tem seus próprios críticos que entram e saem de moda, e que são, em grande medida, de natureza anarquista e libertária. Uma vez que patrocina certos tipos de identificação comunal, ela está menos sujeita à crítica que o liberalismo. Mas ela nunca consegue escapar completamente dessa crítica, pois tanto os liberais como os socialdemocratas têm um compromisso comum com o crescimento econômico e enfrentam (embora de maneiras diferentes) os modelos sociais alienantes gerados por esse crescimento. A própria comunidade é, em grande medida, uma presença ideológica na sociedade moderna; ela não tem seus próprios críticos recorrentes. Está sujeita a modismos intermitentes apenas porque não existe em mais nada como força total e é criticada apenas quando isso está na moda.

Não obstante, a crítica comunitarista é poderosa; não seria recorrente se não fosse capaz de atrair nossas mentes e sentimentos. Neste ensaio, pretendo investigar o poder de suas atuais versões americanas e também oferecer minha própria versão – menos poderosa, talvez, que as teorias pelas quais irei começar, porém mais passível de ser incorporada pela política liberal (ou socialdemocrata). Não pretendo (é improvável que consiga) provar que o comunitarismo é falso, embora esteja disposto a esperar por seu reaparecimento numa forma mais coerente e incisiva do que a que adota atualmente. O problema da crítica comunitarista atual – não sou o primeiro a percebê-lo – é que ela propõe dois argumentos diferentes, e profundamente contraditórios, contra o liberalismo. Um desses argumentos visa principalmente a prática liberal, o outro principalmente a teoria liberal, mas ambos não podem estar certos. É possível que cada um deles esteja parcialmente correto – na verdade, insistirei justamente nessa validade parcial –, mas cada um dos argumentos está correto de uma forma que mina o valor do outro.

II

O primeiro argumento afirma que a teoria política liberal representa fielmente a prática social liberal. Como se a teoria marxista da reflexão ideológica fosse literalmente verdadeira e estivesse exemplificada neste caso, as sociedades ocidentais contemporâneas (principalmente a sociedade americana) são consideradas o lar dos indivíduos radicalmente isolados, dos egoístas racionais e dos agentes existenciais, homens e mulheres protegidos e divididos por seus direitos inalienáveis. O liberalismo diz a verdade sobre a sociedade associal criada pelos liberais – na verdade, não *ex nihilo*, como sugere a teoria dos liberais, mas numa luta contra as tradições, comunidades e autoridades que são esquecidas tão logo alguém delas se liberta, de modo que as práticas liberais parecem não ter história. A luta em si é ritualmente celebrada, mas raras vezes objeto de reflexão. Os membros da sociedade liberal não compartilham de nenhuma tradição política ou religiosa; podem contar apenas uma história sobre si próprios, a história da criação *ex nihilo*, que se inicia no estado da natureza ou na posição original. Cada indivíduo imagina-se absolutamente livre, desimpedido e só – e entra na sociedade, aceitando suas obrigações, apenas a fim de minimizar seus riscos. Seu objetivo é a segurança, e, como escreveu Marx, a segurança é "a certeza de seu egoísmo". E assim como este indivíduo se imagina, assim ele *realmente* é, "ou seja, um indivíduo separado da comunidade, ensimesmado, totalmente preocupado com seus interesses pessoais e que age de acordo com seus caprichos particulares. O único vínculo entre os homens é a necessidade natural, a privação e o interesse particular"[1]. (Utilizei pronomes masculinos para ajustar minhas frases às de Marx. Mas é uma questão interessante, não abordada aqui, saber se essa primeira crítica comunitarista fala à experiência das mulheres: acaso a necessidade e os interesses particulares seriam seus únicos laços mútuos?)

Os escritos do jovem Marx representam uma das primeiras aparições da crítica comunitarista, e sua argumentação, formulada pela primeira vez na década de 1840, tem uma forte presença hoje. A análise feita por Alasdair MacIntyre da incoerência da vida intelectual e cultural moderna e da perda da capacidade narrativa levanta uma questão semelhante, numa linguagem teórica primorosa e atual[2]. Mas a única teoria necessária à crítica comunitarista do liberalismo é o próprio liberalismo. Tudo que os críticos têm a fazer, assim o dizem, é levar a teoria liberal a sério. O auto-retrato do indivíduo composto apenas de sua obstinação, livre de qualquer vínculo, sem valores comuns, laços obrigatórios, costumes ou tradições – sem dentes, sem olhos, sem paladar, sem nada –, só precisa ser evocado para ser desvalorizado: ele já é a ausência concreta de valor. Como pode ser a vida real de uma

---

1. Karl Marx, "On the Jewish Question", em *Early Writings*, T. B. Bottomore (org.) (Londres: C.A. Watts, 1963), p. 26.
2. Alasdair MacIntyre, *After Virtue* (Notre Dame, Ind.: University of Notre Dame Press, 1981).

pessoa assim? Imaginemo-la maximizando suas vantagens, e eis a sociedade transformada numa guerra de todos contra todos, a conhecida corrida de ratos na qual, como escreveu Hobbes, não há "nenhum outro objetivo, nenhuma outra coroa, exceto ser o primeiro"[3]. Imaginemo-la desfrutando seus direitos, e eis a sociedade reduzida à coexistência de *eus* isolados, pois os direitos liberais, de acordo com esta primeira crítica, têm a ver mais com a "saída" que com a "voz"[4]. Eles estão simbolizados concretamente na separação, no divórcio, no recolhimento, na solidão, na privacidade e na apatia política. E, finalmente, o próprio fato de que a vida individual possa ser descrita nessas duas linguagens filosóficas, a linguagem das vantagens e a linguagem dos direitos, é mais um sinal, segundo MacIntyre, de sua incoerência. Os homens e as mulheres da sociedade liberal não têm mais acesso a uma cultura moral única, na qual possam aprender como devem viver[5]. Não há nenhum consenso, nenhuma assembléia pública de mentes, sobre a natureza da vida feliz – daí o triunfo dos caprichos privados, revelados, por exemplo, no existencialismo de Sartre, o reflexo ideológico dos caprichos medíocres do cotidiano.

Nós, liberais, somos livres para escolher, e temos o direito de escolher, mas não temos nenhum critério

---

3. Thomas Hobbes, *The Elements of Law*, parte I, cap. 9, par. 21. Percebi que os dois autores favoritos dos críticos comunitaristas desse primeiro tipo são Hobbes e Jean-Paul Sartre. Será possível que a essência do liberalismo seja mais bem revelada por esses dois autores, que não eram, absolutamente, liberais no sentido usual do termo?

4. Ver Albert O. Hirschman, *Exit, Voice, and Loyalty* (Cambridge, Mass.: Harvard University Press, 1970).

5. MacIntyre, *After Virtue*, caps. 2 e 17.

para administrar nossas escolhas, exceto nossa própria interpretação imprevisível de nossos interesses e desejos imprevisíveis. E, assim, faltam às nossas escolhas as qualidades da coesão e da seqüência. Mal conseguimos lembrar o que fizemos ontem; não somos capazes de prever, com qualquer grau de certeza, o que faremos amanhã. Não conseguimos dar uma explicação adequada de nós mesmos. Não podemos nos sentar juntos e contar histórias compreensíveis, e só nos reconhecemos nas histórias que lemos quando elas são narrativas fragmentadas, sem enredo, o equivalente literário da música atonal e da arte não-figurativa.

A sociedade liberal, vista à luz desta primeira crítica comunitarista, é a fragmentação na prática; e a comunidade é o exato oposto, o lar da coerência, do vínculo e da capacidade narrativa. Mas estou menos preocupado, aqui, com as diferentes explicações que possam ser dadas a respeito desse Éden perdido do que com a insistência repetitiva na realidade da fragmentação após a perda. Esse é o tema comum de todos os comunitarismos contemporâneos: o lamento neoconservador, a acusação neomarxista, a ansiedade dos neoclássicos ou dos republicanos (a necessidade do prefixo *neo* sugere, uma vez mais, o caráter intermitente ou recorrente da crítica comunitarista). Penso que esse seria um tema embaraçoso, pois, se a abordagem sociológica da teoria liberal está certa, se a sociedade está realmente decomposta, sem deixar vestígios, na coexistência problemática dos indivíduos, então bem que podemos partir do pressuposto de que a política liberal é o melhor meio de lidar com os problemas da decomposição. Se temos de criar uma união artificial e a-histórica a partir de uma multidão de *eus* isolados, por que não tomar o estado de natureza ou a posição original como nosso ponto de partida conceitual? Por que não aceitar, à maneira liberal convencional, a prioridade da justiça processual sobre as concepções substantivas do bem, uma vez que, tendo em vista a nossa fragmentação, dificilmente podemos esperar chegar a um acordo a respeito do bem? Michael Sandel pergunta se uma comunidade de pessoas que põem a justiça em primeiro lugar poderia, algum dia, vir a ser mais do que uma comunidade de estranhos[6]. A pergunta é boa, mas sua forma reversa tem relevância mais imediata: se realmente somos uma comunidade de estranhos, que mais podemos fazer além de pôr a justiça em primeiro lugar?

III

Somos salvos dessa linha de argumentação inteiramente plausível pela segunda crítica comunitarista do liberalismo. A segunda crítica sustenta que a teoria liberal representa a vida real de uma forma radicalmente distorcida. O mundo não é nem poderia ser assim.

Homens e mulheres desligados de todos os seus vínculos sociais, literalmente desimpedidos, cada um o único inventor de sua própria vida, sem nenhum critério, sem padrões comuns a guiar essa invenção – estas são figuras míticas. Como poderia qualquer grupo de pessoas estranhar-se mutuamente quando cada membro desse grupo nasce de seus pais e quando seus

---

6. Este é o resumo feito por Richard Rorty da argumentação de Michael Sandel: Rorty, "The Priority of Democracy to Philosophy", em Merrill D. Peterson e Robert C. Vaughan (orgs.), *The Virginia Statute for Religious Freedom* (Cambridge: Cambridge University Press, 1982).

pais têm amigos, parentes, vizinhos, colegas de trabalho, correligionários e concidadãos – vínculos, de fato, que não são exatamente escolhidos, mas sim transmitidos para adiante e herdados? O liberalismo bem pode realçar o significado dos laços puramente contratuais, mas é obviamente falso propor, como Hobbes às vezes parecia fazer, que todos os nossos vínculos são meras "amizades de mercado", de caráter voluntarista e de interesse pessoal, e que não podem durar além das vantagens que trazem[7]. Faz parte da própria natureza da sociedade humana que os indivíduos nela criados venham a descobrir-se capturados por padrões de relacionamento, redes de poder e comunidades de sentido. A condição de capturado é o que faz deles um certo tipo de pessoa. Só então é que eles podem tornar-se pessoas de um tipo (marginalmente) diferente, por meio da reflexão sobre o que são e por meio de atitudes mais ou menos distintas, de acordo com os padrões, redes e comunidades que, por bem ou por mal, são suas.

A idéia principal da segunda crítica é que a estrutura profunda da sociedade, mesmo da sociedade liberal, é na verdade comunitária. A teoria liberal distorce essa realidade, e, na medida em que adotamos a teoria, ela nos priva de qualquer acesso fácil a nossa própria experiência de inclusão comunal. A retórica do liberalismo – essa é a tese dos autores de *Habits of the Heart* – limita-nos a compreensão dos hábitos de nosso coração, e não nos dá nenhum recurso para formular as convicções que nos mantêm unidos enquanto pessoas e que unem as pessoas numa comu-

---

7. Thomas Hobbes, *De Cive*, Howard Warrender (org.) (Oxford: Oxford University Press, 1983), parte I, cap. 1.

nidade[8]. O pressuposto, aqui, é que de fato somos pessoas e que de fato estamos ligados. A ideologia liberal do separatismo não pode tirar de nós a condição de pessoa e o sentimento de vínculo. O que ela tira de nós é o *senso* de nossa condição de pessoa e de nossos vínculos, e essa privação reflete-se então na política liberal. Ela explica nossa incapacidade de criar solidariedades coesas, movimentos e partidos estáveis, que poderiam tornar visíveis e efetivas as nossas convicções profundas. Ela também explica nossa dependência radical (brilhantemente prenunciada no *Leviatã* de Hobbes) em relação ao Estado central.

Mas como podemos entender essa dissociação extraordinária entre a experiência comunal e a ideologia liberal, entre a convicção pessoal e a retórica pública, entre os vínculos sociais e o isolamento político? Essa questão não é abordada pelos críticos comunitaristas do segundo tipo. Se a primeira crítica depende de uma teoria marxista vulgar sobre a reflexão, a segunda crítica exige um idealismo igualmente vulgar. A teoria liberal parece, agora, ter um poder sobre e contra a vida real que foi concedido a poucas teorias na história da humanidade. Obviamente, ele não foi concedido à teoria comunitarista, a qual, no primeiro argumento, não consegue superar a realidade do separatismo liberal e, no segundo argumento, não consegue evocar as estruturas preexistentes do vínculo social. Seja como for, as duas teorias críticas são mutuamente incompatíveis; não podem ser ambas verdadeiras. Ou o separatismo liberal retrata ou distorce

---

8. Robert Bellah et al., *Habits of the Heart* (Berkeley: University of California Press, 1985), pp. 21, 290; ver o comentário de Richard Rorty em "Priority", p. 275, n. 12.

as condições da vida cotidiana. Ele pode, é claro, fazer um pouco de cada – a confusão costumeira –, mas essa não é uma conclusão satisfatória de um ponto de vista comunitário. Pois, se a explicação da dissociação e do separatismo estiver correta ainda que parcialmente, então teremos de perguntar acerca da profundidade, por assim dizer, da estrutura profunda. E se, no fundo, formos todos comunitaristas até certo ponto, o retrato da incoerência social perderá sua força crítica.

IV

Mas cada um dos dois argumentos críticos está parcialmente correto. Tentarei dizer o que está correto em cada um deles, para em seguida questionar se algo plausível pode ser feito com esses fragmentos. Em primeiro lugar, portanto, não resta dúvida que nós (nos Estados Unidos) vivemos numa sociedade na qual os indivíduos estão relativamente dissociados e separados uns dos outros, ou melhor, na qual estão continuamente separando-se uns dos outros – sempre em movimento, quase sempre um movimento solitário e aparentemente aleatório, como se imitassem o que os físicos chamam de movimento browniano. Daí vivermos numa sociedade profundamente instável. Podemos perceber melhor as formas de instabilidade se rastrearmos os movimentos mais importantes. Consideremos, portanto (imitando o estilo chinês), as Quatro Mobilidades:

1. *Mobilidade geográfica.* Aparentemente, os americanos mudam de casa com mais freqüência que qualquer outro povo na história, ao menos desde as migrações bárbaras, com exceção apenas das tribos

nômades e das famílias envolvidas em guerras civis ou externas. Mudar as pessoas e seus pertences de uma metrópole ou cidade para outra é um setor importante dos negócios nos Estados Unidos, ainda que muitas pessoas cuidem de suas próprias mudanças. Num outro sentido, é claro, somos todos "automudados", não refugiados, e sim migrantes voluntários. Essa ampla mobilidade geográfica deve enfraquecer bastante a percepção de lugar, embora, na minha opinião, seja difícil dizer se ela é substituída pela mera insensibilidade ou por uma nova percepção de muitos lugares. De qualquer forma, parece provável que o sentimento comunitário perde um pouco de sua importância. As comunidades não são apenas localizações, mas são, com freqüência, mais bem-sucedidas quando têm uma localização permanente.

2. *Mobilidade social*. Este artigo não irá tratar dos argumentos acerca da melhor maneira de definir a posição social ou de como medir as mudanças, seja através da renda, da educação, da filiação de classe ou do lugar que as pessoas ocupam na hierarquia de *status*. Basta dizer que menos americanos encontram-se exatamente onde estavam seus pais, ou fazem o que estes faziam, que em qualquer outra sociedade para a qual dispomos de termos de comparação. Pode ser que os americanos herdem muitas coisas de seus pais, mas o grau a que levaram as diferenças em sua vida, ainda que apenas no modo como se sustentam, significa que a herança da comunidade, isto é, a tranmissão de crenças e costumes, é, na melhor das hipóteses, incerta. Quer os filhos sejam, por esse motivo, privados da capacidade narrativa ou não, é provável que contem histórias diferentes das contadas por seus pais.

3. *Mobilidade conjugal.* Os índices de separação, divórcio e novos casamentos são mais altos, hoje, do que jamais foram em nossa sociedade e, provavelmente, do que jamais foram em qualquer outra sociedade (exceto, talvez, entre os aristocratas romanos, embora eu não conheça nenhuma estatística da época, apenas histórias). As primeiras duas mobilidades, a geográfica e a social, também rompem a vida familiar, de forma que os irmãos, por exemplo, com freqüência vivem a grande distância uns dos outros, e, mais tarde, como tios e tias, vivem muito distantes de seus sobrinhos e sobrinhas. Mas o que chamamos de "lares desfeitos" é o produto de rompimentos conjugais, de maridos e esposas que deixam o lar – e geralmente, em seguida, partem para novos parceiros. Na medida em que o lar é a primeira comunidade e a primeira escola da identidade étnica e da convicção religiosa, esse tipo de rompimento deve ter conseqüências anticomunitaristas. Isso significa que, muitas vezes, as crianças deixam de ouvir histórias constantes ou idênticas dos adultos com quem vivem. (Será que a maioria das crianças alguma vez ouviu essas histórias? A morte de um cônjuge e o novo casamento do outro podem ter sido, algum dia, tão comuns quanto o divórcio e os novos casamentos de hoje. Mas a questão é que temos de levar em conta outros tipos de mobilidade: tanto os homens como as mulheres de hoje têm uma probabilidade maior de se casar fora de sua classe, etnia e religião; por conseguinte, os novos casamentos produzem famílias extraordinariamente complexas e socialmente diferentes – as quais não devem ter nenhum precedente histórico.)

4. *Mobilidade política.* A fidelidade a líderes, movimentos, partidos, clubes e mecanismos urbanos pa-

rece declinar rapidamente à medida que o lugar, a posição social e a filiação familiar deixam de ser tão importantes na formação da identidade pessoal. Os cidadãos liberais observam, de fora, todas as organizações políticas e, em seguida, escolhem a que melhor serve a seus ideais ou interesses. Eles são, idealmente, eleitores independentes, ou seja, pessoas que mudam de posição; fazem suas escolhas por si próprios, em vez de votar como seus pais, e, a cada vez, fazem novas escolhas em vez de repeti-las. À medida que seu número aumenta, ajudam a promover um eleitorado volátil e, por conseguinte, uma instabilidade institucional, particularmente em nível local, onde, no passado, a organização política serviu para reforçar os vínculos comunais.

Os efeitos das Quatro Mobilidades são intensificados de várias maneiras por outros desenvolvimentos sociais sobre os quais provavelmente falamos na metáfora comum do movimento: o avanço do conhecimento, o progresso tecnológico e assim por diante. Mas estou preocupado, aqui, apenas com o movimento real dos indivíduos. O liberalismo é, em sua acepção mais simples, o endosso e a justificativa desse movimento[9]. Na visão liberal, portanto, as Quatro Mobilidades representam a decretação da liberdade e a busca da felicidade (privada ou pessoal). E é preciso dizer que, concebido dessa maneira, o liberalismo é um credo genuinamente popular. Qualquer esforço para coibir a mobilidade nas quatro áreas descritas aqui exigiria uma aplicação maciça e cruel do poder esta-

---

9. E também sua realização prática, na carreira aberta aos talentos, no direito à mobilidade, no divórcio legalizado e assim por diante.

tal. Não obstante, essa popularidade tem um lado negativo de tristeza e descontentamento que se expressa de maneira intermitente, e o comunitarismo é, em sua acepção mais simples, a expressão intermitente desses sentimentos. Essa expressão reflete um sentimento de perda, e a perda é real. As pessoas nem sempre deixam seus antigos bairros ou cidades natais de livre e espontânea vontade ou com alegria. Mudar-se pode ser uma aventura pessoal em nossas mitologias culturais convencionais, mas é, com a mesma freqüência, um trauma familiar na vida real. O mesmo pode ser dito da mobilidade social, que transporta as pessoas tanto para cima quanto para baixo, e que requer ajustes que nunca são fáceis de administrar. Os rompimentos conjugais podem às vezes dar origem a novas uniões mais fortes, mas também acumulam o que podemos considerar fragmentos de famílias: lares com apenas um dos pais, homens e mulheres separados e solitários e crianças abandonadas. E a independência na política não é, muitas vezes, um isolamento tão esplêndido: os indivíduos com opiniões são afastados dos grupos que dispõem de um programa. O resultado é um declínio no "senso de eficácia", com efeitos correspondentes sobre o comprometimento e o moral.

No geral, nós, progressistas, provavelmente não nos conhecemos tão bem, e com tanta certeza, como as pessoas se conheciam antigamente, embora possamos perceber mais aspectos do outro do que elas percebiam, e reconheçamos no outro um conjunto maior de possibilidades (inclusive a possibilidade de seguir em frente). Ficamos mais sozinhos que as pessoas ficavam no passado, por falta de vizinhos com quem possamos contar, de parentes que morem perto ou com os quais tenhamos um relacionamento íntimo, de companheiros do trabalho ou dos movimentos. Essa é a verdade da primeira tese comunitarista. Precisamos agora determinar os limites dessa verdade, procurando o que há de verdadeiro no segundo argumento.

Em sua versão mais vulgar, o segundo argumento – o de que, no fundo, somos criaturas de comunidade – é certamente verdadeiro, embora tenha uma importância duvidosa. Os vínculos de lugar, de classe ou *status*, de família e até mesmo políticos sobrevivem às Quatro Mobilidades de uma forma admirável. Para citar apenas um exemplo da última das quatro: continua sendo verdade, mesmo nesta que é a mais liberal e móvel das sociedades, que o melhor indicador de como as pessoas irão votar é saber como seus pais votaram[10]. Todos esses jovens republicanos e democratas que obedientemente imitam os pais demonstram o fracasso do liberalismo em fazer da independência ou da imprevisibilidade de pensamento a marca registrada de seus simpatizantes. O valor de previsão do comportamento dos pais aplica-se até mesmo aos eleitores independentes: eles simplesmente herdam sua independência. Mas não sabemos até que ponto esse tipo de herança é um recurso comunal cada vez mais escasso; pode ser que cada geração transmita menos do que recebeu. A liberalização plena da ordem social, a produção e a reprodução de indivíduos auto-inventados, pode ser lenta, muito mais lenta, na verdade, do que os próprios liberais esperavam. Todavia, não há muito consolo, aqui, para os críticos comuni-

---

10. Ver A. Campbell et al., *The American Voter* (Nova York: Wiley, 1960), pp. 147-8.

taristas; embora consigam reconhecer e valorizar a sobrevivência dos estilos de vida mais antigos, não podem contar com a vitalidade deles – e além disso devem se sentir ansiosos em relação a eles.

Mas existe uma outra abordagem da verdade do segundo argumento crítico. Qualquer que seja o alcance das Quatro Mobilidades, elas não parecem nos separar tanto a ponto de nos impedir de conversar. Muitas vezes discordamos, é claro, mas discordamos de maneiras mutuamente compreensíveis. Penso que é bastante evidente que as controvérsias filosóficas que MacIntyre lamenta não são, de fato, um sinal de incoerência social. Onde há filósofos, há controvérsias, assim como onde há cavaleiros há torneios. Mas estas são atividades altamente ritualizadas, que comprovam o vínculo, não a dissociação, de seus protagonistas. Mesmo o conflito político nas sociedades liberais raramente assume formas extremas a ponto de situar seus protagonistas além da negociação e do acordo, da justiça processual e da própria possibilidade do discurso. A luta pelos direitos civis nos Estados Unidos é um bom exemplo de conflito em relação ao qual nossa linguagem moral e política era, e é, inteiramente adequada. O fato de que a luta alcançou apenas um êxito parcial não reflete uma inadequação lingüística, mas sim fracassos e derrotas políticos.

Os discursos de Martin Luther King evocavam uma tradição palpável, um tal conjunto de valores comuns que a discordância pública só podia se concentrar na maneira pela qual (ou na velocidade com que) aqueles discursos poderiam se tornar realidade[11].

---

11. Ver a evocação de Martin Luther King em Bellah et al., *Habits of the Heart*, pp. 249, 252.

Mas essa não é, por assim dizer, uma tradição tradicionalista, uma tradição *Gemeinschaft**, uma sobrevivência do passado pré-liberal. Ela é, sem dúvida, uma tradição liberal modificada por diferentes tipos de sobrevivência. As modificações têm um caráter mais obviamente protestante e republicano, embora não sejam, de modo algum, exclusivamente desse tipo. Os anos de imigração maciça trouxeram consigo uma grande variedade de memórias étnicas e religiosas que iriam influenciar a política americana. O que elas mais influenciam, contudo, é o liberalismo. A linguagem dos direitos individuais – a associação voluntária, o pluralismo, a tolerância, a separação, a privacidade, a liberdade de expressão, a carreira aberta aos talentos e assim por diante – é simplesmente inescapável. Quem, dentre nós, tentaria seriamente fugir dela? Se somos realmente "eus" situados, como afirma a segunda crítica comunitarista, então nossa situação é, em grande medida, captada por esse vocabulário. Essa é a verdade da segunda crítica. Faz sentido, portanto, afirmar que o liberalismo nos impede de compreender ou manter os laços que nos unem?

Faz algum sentido, porque o liberalismo é uma doutrina estranha, que parece minar-se continuamente, desprezar suas próprias tradições e criar, em cada geração, esperanças renovadas de uma libertação ainda mais absoluta da história e da sociedade. Muito da teoria política liberal, de Locke a Rawls, representa um esforço no sentido de fixar e estabilizar a doutrina de modo que se ponha um fim à infinita libertação liberal. Mas para além de cada versão atual do liberalismo

---

* Definida pela solidariedade que se baseia nas fidelidades e afinidades. (N. da T.)

existe sempre um superliberalismo, que, como diz Roberto Unger a respeito de sua própria doutrina, "impulsiona as premissas liberais sobre o Estado e a sociedade, sobre a libertação, através da vontade, da dependência e do controle das relações sociais, até o ponto em que elas se fundem numa ambição maior: a construção de um mundo social menos hostil a um eu que sempre pode violar as regras geradoras de seus próprios constructos mentais ou sociais"[12]. Embora Unger tenha sido identificado como um comunitarista, essa ambição – grande, com efeito! – parece destinada a impedir não apenas qualquer estabilização da doutrina liberal, mas também qualquer recuperação ou criação de comunidade. Pois uma comunidade que não seja hostil ao *eu* eternamente transgressor é inimaginável. Se os laços que nos unem não nos *unirem*, não pode haver nada parecido com uma comunidade. Seja lá o que for, o comunitarismo é antitético à transgressão. E o eu transgressor é antitético até mesmo à comunidade liberal que o cria e patrocina[13].

O liberalismo é uma doutrina auto-subversiva; por esse motivo, realmente exige correções comunitaristas periódicas. Mas não é uma forma particularmente útil de correção afirmar que o liberalismo é literalmente incoerente ou que possa ser substituído por algu-

---

12. Roberto Mangabeira Unger, *The Critical Legal Studies Movement* (Cambridge, Mass.: Harvard University Press, 1986), p. 41.
13. Cf. Buff-Coat (Robert Everard) nos Debates Putney: "Fossem quais fossem as esperanças e compromissos que me vinculassem, caso Deus viesse a revelar-se eu as romperia prontamente, ainda que à razão de cem por dia." Em A. S. P. Woodhouse (org.), *Puritanism and Liberty* (Londres: J. M. Dent and Sons, 1938), p. 34. Seria Buff-Coat o primeiro superliberal ou Unger um santo puritano dos últimos dias?

ma comunidade pré-liberal ou antiliberal que está à espera logo abaixo da superfície ou logo além do horizonte. Não existe nada à espera; os comunitaristas americanos têm de reconhecer que não há nada lá fora além de *eus* liberais independentes, investidos de direitos, espontaneamente associados e que se expressam livremente. Seria bom, contudo, se pudéssemos ensinar esses *eus* a conhecer-se como seres sociais, o produto histórico dos valores liberais e, em parte, a encarnação desses valores. Pois a correção comunitarista do liberalismo não pode ser outra coisa senão um reforço seletivo desses mesmos valores, ou, usando a célebre expressão de Michael Oakeshott, uma busca das sugestões de comunidade neles contidas.

V

Essa busca se inicia com a idéia liberal da associação voluntária, que não me parece ser bem compreendida nem pelos liberais nem por seus críticos comunitaristas. Tanto na teoria quanto na prática, o liberalismo expressa fortes tendências associativas paralelamente a suas tendências dissociativas: seus protagonistas formam grupos e desligam-se deles; aderem e renunciam, casam-se e divorciam-se. Não obstante, é um erro, e um erro tipicamente liberal, crer que os padrões de associação existentes sejam inteiramente, ou mesmo em grande medida, voluntários e contratuais, ou seja, tão-somente produtos da vontade. Numa sociedade liberal, assim como em todas as outras sociedades, as pessoas nascem em certos tipos de grupo muito importantes, nascem com identidades, homem ou mulher, por exemplo, ou membros da classe trabalhadora, católicos ou judeus, negros, democratas e assim por diante. Muitas de suas futuras associações (como suas futuras carreiras) simplesmente expressam essas identidades subjacentes, as quais, repito, não são exatamente escolhidas, e sim impostas[14]. O liberalismo caracteriza-se menos pela liberdade de formar grupos com base nessas identidades que pela liberdade de deixar esses grupos e, por vezes, até mesmo essas identidades para trás. Na sociedade liberal, a associação sempre corre perigo. As fronteiras do grupo não são policiadas; as pessoas vêm e vão, ou apenas desaparecem ao longe, sem jamais chegar a admitir completamente que o deixaram. É por isso que o liberalismo é assolado por problemas com os "caronas" – pessoas que continuam a beneficiar-se da filiação e da identidade, embora não mais participem das atividades que geram esses benefícios[15]. O comunitarismo, em contraposição, é o sonho de uma perfeita ausência de "carona".

Em sua melhor versão, a sociedade liberal é "a união social de uniões sociais" descrita por John Rawls: um pluralismo de grupos ligados por idéias compartilhadas de tolerância e democracia[16]. Mas, se todos os

---

14. Não pretendo apresentar aqui um argumento determinista. Movemo-nos dentro de mundos herdados porque achamos esses mundos confortáveis e até propícios à melhoria de vida; mas também os deixamos quando achamos que o espaço não é suficiente – e o liberalismo torna a saída muito mais fácil do que era nas sociedades pré-liberais.

15. Descrevo como os "caronas" atuam nos grupos étnicos em "Pluralism: A Political Perspective", na *Harvard Encyclopedia of American Ethnic Groups*, Stephan Thernstrom (org.) (Cambridge, Mass.: Harvard University Press, 1980), pp. 781-7.

16. John Rawls, *A Theory of Justice* (Cambridge, Mass.: Harvard University Press, 1971), pp. 527 ss.

grupos forem precários e estiverem continuamente à beira da dissolução ou do abandono, a união maior também será fraca e vulnerável. Ou, então, seus líderes e funcionários serão levados a compensar em outros lugares os fracassos da associação através do fortalecimento de sua própria união, ou seja, o Estado central, para além dos limites que o liberalismo estabeleceu. Esses limites geralmente são identificados com os direitos individuais e as liberdades civis, mas também incluem um preceito de neutralidade estatal. A vida feliz é buscada pelos indivíduos e patrocinada pelos grupos; o Estado preside a busca e o patrocínio, mas não participa de nenhum dos dois. Presidir é algo de caráter singular; buscar e patrocinar são plurais. Por conseguinte, é uma questão crítica para a teoria e a prática liberais saber se as paixões e energias associativas das pessoas comuns terão uma probabilidade, a longo prazo, de sobreviver às Quatro Mobilidades e de demonstrar que são suficientes para as exigências do pluralismo. Há, no mínimo, alguns sinais de que elas se mostrarão insuficientes – sem uma certa ajuda. Mas, para repetir uma antiga pergunta, de onde virá nosso socorro*? Algumas das uniões sociais existentes vivem esperando pela assistência divina. Quanto ao restante, podemos apenas ajudar-nos uns aos outros, e a agência através da qual esse tipo de ajuda vem mais prontamente é o Estado. Mas que tipo de Estado promove as atividades associativas? Que tipo de união social é essa que inclui, sem incorporar, uma variedade enorme e discordante de uniões sociais?

Obviamente, é um Estado liberal e uma união social; qualquer outro tipo é perigoso demais tanto para

---

* Referência ao Salmo 121. (N. da T.)

as comunidades quanto para os indivíduos. Seria uma atitude estranha argumentar, em nome do comunitarismo, em defesa de um Estado alternativo, pois isso significaria argumentar contra nossas próprias tradições políticas e repudiar todo tipo de comunidade que já tivemos. Mas a correção comunitarista requer, sim, um certo tipo de Estado liberal – conceitualmente, embora não historicamente, incomum: um Estado que seja, ao menos sobre parte do território da soberania, deliberadamente não-neutro. O argumento liberal convencional em defesa da neutralidade é induzido pela fragmentação social. Uma vez que os indivíduos dissociados nunca chegam a um acordo quanto ao que é uma vida feliz, o Estado deve lhes permitir viver da maneira que acharem melhor, sujeitos apenas ao princípio do dano de John Stuart Mill, sem endossar ou patrocinar nenhum entendimento particular do significado de "melhor". Mas existe um problema aqui: quanto mais dissociados são os indivíduos, mais forte tende a ser o Estado, uma vez que este será a única ou a mais importante união social. E, por conseguinte, a filiação ao Estado, o único bem compartilhado por todos os indivíduos, poderá muito bem ser percebida como "o melhor" bem.

Basta repetir a primeira crítica comunitarista, que ela provoca uma resposta como a da segunda crítica: a de que o Estado não é, na verdade, a única união social e, para as pessoas comuns com suas vidas comuns, nem mesmo a mais importante. Todos os tipos de grupos continuam a existir, a dar forma e propósito às vidas de seus membros, apesar do triunfo dos direitos individuais, das Quatro Mobilidades em que esse triunfo se manifesta e da "carona" que torna possível. Mas esses grupos estão permanentemente em perigo. E, portanto, o Estado, se quiser continuar sendo um Estado liberal, deverá endossar e patrocinar alguns deles, a saber, aqueles que têm uma probabilidade maior de fornecer modelos e objetivos compatíveis com os valores compartilhados de uma sociedade liberal[17]. Sem dúvida, aqui também existem problemas, e não pretendo negar sua dificuldade. Mas não vejo como evitar uma formulação dessas – e não apenas por motivos teóricos. A história real dos melhores Estados liberais, assim como dos melhores Estados socialdemocratas (e estes tendem a ser, cada vez mais, os mesmos Estados), indica que eles se comportam exatamente dessa forma, embora, muitas vezes, de maneira muito inadequada.

Quero citar três exemplos relativamente familiares de comportamento estatal desse tipo. Em primeiro lugar, a Lei Wagner dos anos 1930: ela não foi uma lei liberal convencional que simplesmente impedisse os obstáculos à organização sindical, pois promoveu ativamente a organização sindical e o fez precisamente ao resolver o problema dos "caronas". Ao exigir acordos coletivos toda vez que houvesse apoio majoritário (mas não necessariamente unânime) aos sindicatos e, em seguida, ao permitir a existência de setores em que só os trabalhadores sindicalizados pudessem ser contratados, a Lei Wagner patrocinou a criação de sindicatos fortes, capazes, pelo menos até um certo ponto, de determinar o modelo das relações industriais[18]. É claro que não poderia haver sindicatos

---

17. Ver o argumento em defesa de um "perfeccionismo" modesto (em vez da neutralidade) em Joseph Raz, *The Morality of Freedom* (Oxford: Clarendon Press, 1986), caps. 5 e 6.
18. Irving Bernstein, *Turbulent Years: A History of the American Worker, 1933-1941* (Boston: Houghton Mifflin, 1970), cap. 7.

fortes sem a solidariedade da classe trabalhadora; a sindicalização é parasita de comunidades já existentes, baseadas no sentimento e na crença. Mas essas comunidades já estavam sendo corroídas pelas quatro mobilidades quando a Lei Wagner foi aprovada; portanto, a lei serviu para contrabalançar as tendências dissociativas da sociedade liberal. Ela era, não obstante, uma lei liberal, pois os sindicatos que ajudou a criar melhoraram a vida de cada trabalhador e, de acordo com os princípios liberais, ficaram sujeitos à dissolução e ao abandono, caso interrompessem essas melhorias.

O segundo exemplo é o uso de isenções de impostos e de transferência casada de dinheiro dos impostos para permitir que diferentes grupos religiosos mantenham amplos sistemas de creches, asilos, hospitais e assim por diante – sociedades assistenciais dentro do Estado assistencial. Não finjo crer que essas sociedades privadas e pluralistas compensem a condição lastimável do Estado de bem-estar americano. Mas ao torná-la uma função mais imediata da solidariedade comunal elas melhoram, sim, a distribuição dos serviços. Nesse caso, o papel do Estado, além de estabelecer padrões mínimos, é minimizar, uma vez que não pode resolver inteiramente, o problema dos "caronas". Se alguns homens e mulheres acabam indo para um asilo católico, embora jamais tenham contribuído para uma instituição de caridade católica, terão, pelo menos, pagado seus impostos. Mas por que não nacionalizar todo o sistema de assistência social e acabar com os "caronas"? A resposta liberal é que a união social de uniões sociais deve sempre operar em dois níveis: um sistema de bem-estar mantido inteiramente por associações particulares sem fins lucrativos seria perigosamente inadequado e injusto em sua cobertura; e um sistema totalmente nacionalizado impediria que as solidariedades locais e particularistas se expressassem[19].

O terceiro exemplo é a aprovação de leis que controlam o fechamento de fábricas, leis essas destinadas a garantir alguma proteção às comunidades locais de trabalhadores e moradores. Os habitantes ficam protegidos, embora apenas por um certo tempo, contra a pressão do mercado para mudar de seu antigo bairro e procurar trabalho em outro lugar. Embora o mercado "precise" de uma força de trabalho altamente móvel, o Estado leva outras necessidades em consideração; não apenas de maneira assistencialista (através do seguro-desemprego e de programas de retreinamento no trabalho), mas também de maneira comunitarista. O Estado, porém, não está comprometido da mesma forma com a preservação de todas as comunidades de bairro. Ele é inteiramente neutro quanto às comunidades étnicas e de residência, e não oferece nenhuma proteção contra os estranhos que desejam mudar-se para uma delas. Nesse caso, a mobilidade geográfica continua sendo um valor positivo, um dos direitos dos cidadãos.

Os sindicatos, as organizações religiosas e os bairros baseiam-se em sentimentos e crenças que, em princípio, embora nem sempre historicamente, precedem o surgimento do Estado liberal. Não sei dizer quão forte são esses sentimentos e crenças, tampouco qual seria seu valor de sobrevivência. Teriam os

---

19. Ver meu ensaio "Socializing the Welfare State", em Amy Gutmann, *Democracy and the Welfare State* (Princeton: Princeton University Press, 1998), pp. 13-26.

to e crença e que não violam os princípios liberais da associação.

Costuma-se afirmar atualmente que o Estado não-neutro, cujas atividades procurei, de alguma forma, justificar, deve ser compreendido em termos republicanos. O renascimento do republicanismo neoclássico fornece grande parte do material da política comunitarista contemporânea. Esse renascimento, devo dizer, é basicamente acadêmico; diferentemente de outras versões do comunitarismo do tempo de Dewey e do nosso, ele não tem nenhuma referência externa. Realmente existem sindicatos, igrejas e bairros na sociedade americana, mas praticamente não há exemplos de associações republicanas ou de movimentos ou partidos que visem promover esse tipo de associação. Dewey provavelmente não reconheceria seu "público", nem Rawls sua "união social", como uma versão do republicanismo, no mínimo porque em ambos os casos a energia e o comprometimento foram drenados da associação específica e estritamente política e transferidos para as associações mais diversas da sociedade civil. O republicanismo, ao contrário, é uma doutrina integrada e unitária, na qual a energia e o comprometimento concentram-se principalmente na esfera política. É uma doutrina adaptada (nas formas clássica e neoclássica) às necessidades das comunidades pequenas e homogêneas, nas quais a sociedade civil é radicalmente indiferenciada. Talvez a doutrina possa ser ampliada para responder por uma "república de repúblicas", uma revisão descentralizada e participativa da democracia liberal. Um fortalecimento considerável dos governos locais seria então necessário, na esperança de estimular o desenvolvimento e a demonstração das virtudes cívicas numa variedade pluralista de cenários sociais. Essa é, de fato, uma busca das sugestões de comunidade *no interior* do liberalismo, pois tem mais a ver com John Stuart Mill que com Rousseau. Agora devemos imaginar o Estado não-neutro fortalecendo as metrópoles, as cidades e os distritos administrativos; promovendo os comitês de bairro e as juntas de fiscalização; e sempre à procura de grupos de cidadãos prontos para responsabilizar-se pelos assuntos locais[21].

Nada disso representa uma garantia contra a erosão das comunidades subjacentes ou a morte das fidelidades locais. O fato de as comunidades estarem sempre em perigo é uma questão de princípio. E o grande paradoxo de uma sociedade liberal é que ninguém pode posicionar-se contra esse princípio sem também posicionar-se contra as práticas tradicionais e os acordos compartilhados da sociedade. Neste caso, o respeito pela tradição requer a precariedade do tradicionalismo. Se a primeira crítica comunitarista fosse inteiramente verdadeira, se não houvesse nem comunidades nem tradições, então poderíamos simplesmente passar a criar novas comunidades e tradições. Na medida em que a segunda crítica é, ainda

---

21. É provável que esse tipo de republicanismo pluralista também favoreça as perspectivas do que chamei de "igualdade complexa" em *Spheres of Justice* (Nova York: Basic Books, 1983). [Trad. bras. *As esferas da justiça*, São Paulo, Martins Fontes, 2003.] Não posso prosseguir com essa questão neste momento, mas vale notar que tanto o liberalismo quanto o comunitarismo podem assumir formas igualitárias, não-igualitárias ou antiigualitárias. Da mesma forma, a correção comunitarista do liberalismo pode fortalecer as antigas desigualdades das maneiras tradicionais de vida ou neutralizar as novas desigualdades do mercado liberal e do Estado burocrático. Embora não se possa, de modo algum, afirmá-lo com certeza, é provável que a "república das repúblicas" tenha o segundo tipo de conseqüência.

que parcialmente, correta, e o trabalho da invenção comunal está bem iniciado e em progresso contínuo, devemos nos contentar com os tipos de correções e melhorias descritas por Dewey – as quais seriam, na verdade, mais radicais do que esses termos sugerem.

VII

Evitei, até agora, o que muitas vezes é considerada a questão central entre os liberais e seus críticos comunitaristas – a constituição do eu[22]. Costuma-se dizer que o liberalismo tem seu fundamento na idéia de um eu pré-social, um indivíduo solitário, e às vezes heróico, em confronto com a sociedade e que estava plenamente constituído antes do início desse confronto. Os críticos comunitaristas em seguida afirmam que, em primeiro lugar, a instabilidade e a dissociação são a verdadeira e desalentadora conquista de indivíduos desse tipo, e que, em segundo lugar, não pode realmente haver ninguém assim. Dos críticos, por sua vez, costuma-se dizer que crêem num eu radicalmente socializado, que não pode jamais "confrontar" a sociedade porque está, desde o princípio, nela entranhado e é a própria encarnação dos valores sociais. Embora essa discordância pareça bastante aguda, na prática, de fato, não é, em absoluto – pois nenhum desses pontos de vista pode ser defendido por muito tempo por alguém que deseje ir além da tomada de posições e

---

22. Essa questão é apresentada cruamente em Michael Sandel, *Liberalism and the Limits of Justice* (Cambridge: Cambridge University Press, 1982); grande parte da discussão recente comenta ou debate o livro de Sandel.

tente elaborar uma tese[23]. Nem as teorias liberal e comunitarista exigem esse tipo de ponto de vista. Os liberais contemporâneos não estão comprometidos com um eu pré-social, mas apenas com um eu capaz de refletir criticamente sobre os valores que influenciaram sua socialização; e os críticos comunitaristas, que estão fazendo exatamente isso, dificilmente poderão afirmar que a socialização é tudo. As questões filosóficas e psicológicas aqui envolvidas são muito profundas, mas, no que diz respeito à política, há pouco a ser ganho nesse campo de batalha; as concessões do outro lado vêm fácil demais para serem consideradas vitórias.

A questão central para a teoria política não é a constituição do eu, mas sim o vínculo entre os *eus* constituídos, o padrão das relações sociais. O melhor é compreender o liberalismo como uma teoria do relacionamento, que tem a associação voluntária em seu núcleo e que interpreta a voluntariedade como o direito de ruptura ou afastamento. O que torna "voluntário" um casamento é a possibilidade permanente do divórcio. O que torna qualquer identidade ou filiação voluntárias é a disponibilidade fácil de identidades e filiações alternativas. Porém, quanto maior for essa facilidade, menos estáveis tenderão a ser todos os nossos relacionamentos. As Quatro Mobilidades se instalam e a sociedade parece estar em perpétuo movimento, de forma que o verdadeiro tema da prática liberal, por assim dizer, não é um eu pré-social, mas sim um eu pós-social, finalmente livre de tudo, exceto das alianças mais efêmeras e limitadas. Ora, o eu liberal refle-

---

23. Ver Will Kymlicka, "Liberalism and Communitarianism", *Canadian Journal of Philosophy* (junho de 1988): 181-204.

te a fragmentação da sociedade liberal: é radicalmente indeterminado e dividido, forçado a reinventar-se para cada ocasião pública. Alguns liberais comemoram essa liberdade e auto-invenção; todos os comunitaristas lamentam a sua chegada, mesmo enquanto insistem que não é uma condição humana possível.

Afirmei que, na medida em que o liberalismo pende para a instabilidade e a dissociação, ele exige uma correção comunitarista periódica. A "união social de uniões sociais" de Rawls reflete e constrói-se sobre uma correção anterior desse tipo, a obra de autores americanos como Dewey, Randolph Bourne e Horace Kallen. Rawls nos deu uma versão generalizada do argumento de Kallen que diz que, após as grandes imigrações, os Estados Unidos eram e deveriam continuar sendo uma "nação de nacionalidades"[24]. Na verdade, porém, apesar de renascimentos étnicos intermitentes como os do final dos anos 1960 e 1970, a erosão da nacionalidade parece ser uma característica da vida social liberal. Podemos, a partir disso, fazer uma generalização que aponte para o enfraquecimento mais ou menos estável de todos os laços subjacentes que tornam as uniões sociais possíveis. Não existe uma solução vigorosa ou permanente para o enfraquecimento comunal, exceto uma redução antiliberal das Quatro Mobilidades e dos direitos de ruptura e divórcio sobre os quais elas se baseiam. Os comunitaristas sonham, às vezes, com essa redução, mas raramente a defendem. A única comunidade que a maioria deles realmente conhece, afinal, é somente essa união liberal de uniões, sempre precária e sem-

---

24. Horace Kallen, *Culture and Democracy in the United States* (Nova York: Boni and Liveright, 1924).

pre em perigo. Eles não podem vencer esse liberalismo; podem apenas, de vez em quando, fortalecer suas capacidades associativas internas. O fortalecimento é apenas temporário, pois a capacidade de dissociação também está fortemente internalizada e é altamente valorizada. É por isso que a crítica comunitarista está condenada – o que provavelmente não é um destino tão terrível – à eterna recorrência.

AGRADECIMENTOS

Os capítulos 1, 2 e 6 foram originalmente apresentados nas Palestras Max Horkheimer da Johann Wolfgang Goethe Universität de Frankfurt, Alemanha, e publicados em alemão pela Fischer Tashenbuch Verlag sob o título *Vernunft, Politik und Leidenschaft*, em 1999. Uma versão anterior do Capítulo 3 foi apresentada como uma palestra no Tai Hai Academic College, em Israel, e publicada em hebraico numa coletânea organizada por Ohad Nachtomy: *Multiculturalism in the Israeli Context* (Jerusalém: Magnes Press, 2003); uma versão revisada e muito mais extensa apareceu em *Forms of Justice: Critical Perspectives on David Miller's Political Philosophy*, organizada por Daniel A. Bell e Avner de-Shalit (Lanham, Md.: Rowman and Littlefield, 2003). O Capítulo 4 foi originalmente escrito para uma conferência do Ethikon Institute e publicado em *Alternative Conceptions of Civil Society*, organizado por Simone Chambers e Will Kymlicka (Princeton: Princeton University Press, 2002). O Capítulo 5 também apareceu numa coletânea de ensaios sobre o livro *Democracy and Disagreement*, de Amy Gutmann e Dennis Thompson: *Deliberative Politics*, organizada por Stephen Macedo (New York: Oxford University Press, 1999). Uma versão do Capítulo 6 apareceu em *Philosophy and Social Criticism* 28, n.º 6 (2002). Todos esses trabalhos foram amplamente revisados para este livro – com a ajuda dos leitores anônimos da Yale University Press; sou especialmente grato ao leitor número 3.

Enquanto escrevia e reescrevia estes capítulos, beneficiei-me dos comentários e da crítica de muitas pessoas. Posso mencionar apenas algumas delas aqui: Iring Fetscher, Axel Honneth, Mathias Lutz-Bachmann, Lutz Wingert e Ruth Zimmerling, todos presentes nas palestras Horkheimer; e, deste lado do Atlântico, Ronald Beiner, Seyla Benhabib, Amy Gutmann, Will Kymlicka, Clifford Orwin, Dennis Thompson e meus colegas do Institute for Advanced Study, Clifford Geertz, Joan Scott e Eric Maskin. Há mais alguns amigos que não sabem que tiveram uma participação neste livro, mas que influenciaram de maneira significativa meus argumentos: George Kateb, David Miller, Susan Moller Okin, Thomas Pogge e Iris Marion Young.

Sou grato a minha secretária, Ame Dyckman, que me ajudou a pilotar as loucuras do meu computador e juntou todas as partes do livro na forma exigida pela editora.

Larisa Heimert, da Yale University Press, estava decidida a transformar minhas palestras Horkheimer num livro americano; contudo, ela não é responsável pelo resultado final. Mary Pasti, mais uma vez, forneceu uma orientação editorial extraordinariamente amável, firme e habilidosa.

Dediquei este livro a meus netos, na esperança de que os Estados Unidos em que eles irão viver seja um país mais firmemente liberal, democrático e igualitário.

ÍNDICE REMISSIVO

Abraão, 8-9, 11n7
Acordo, 89, 151. *Ver também* Negociação
Agitprop, 134-6, 156
Agressão militar, 184-5
Almond, Gabriel A., 104n7
Amish, 90, 125
Angariação de fundos: na sociedade civil, 59-61, 118-9; política, 145
Anistia Internacional, 194
Antipolítica, 128, 172, 178
Árabes, 46-9, 51
Arato, Andrew, 97n2, 101n5, 113n14
Argélia, 46-7
Aristocracia, 165, 176-7, 179, 186
Aristóteles, 147-8

Associação involuntária, XII, 19, 28, 45-6, 72, 89; e desigualdade, 5, 21, 28, 97-8; fidelidade à, 20, 110-1. *Ver também* Associação voluntária
Associação Nacional para o Progresso das Pessoas de Cor (NAACP), 97
Associação voluntária, 1, 8, 19, 28-9, 95, 98, 108-9, 127, 194; conceito liberal de, 224-5. *Ver também* Sociedade civil; Associação involuntária
Associação: modelo centro-periferia de, 57; desligamento da, 16-7; formas de, 9-14. *Ver*

também Sociedade civil; Grupos; Associação involuntária; Associação voluntária
Autonomia, X, 1-2, 19-20, 82-3, 96, 124n21, 125-6

Bachrach, Peter, 38n4
Banco Mundial, 194
Banting, Keith, XIVn3
Baratz, Morton C., 38n4
Batistas, 58, 121
Beitz, Charles R., 193n1
Berman, Sheri, 100n4
Birnbaum, Pierre, 49n10
Bourne, Randolph, 237
Bunyan, John, 8-9, 11n7
Bush, George H. W., 119

Calvino, João, 171
Campanha política, 142
Capitalismo, 39, 41. *Ver também* Dinheiro
"Caronas", 60, 225
Casamento, 10-3, 95n1, 217
Católicos, Igreja Católica, 68-72, 99, 109, 125, 196, 229
Chambers, Simone, 101n5, 108n9
Cidadania, 13, 76, 83, 89, 91, 103, 148
Classe, 53-4, 66, 153; dominante, 37, 152; trabalhadora, 54, 186. *Ver também* Aristocracia; Lumpemproletariado; Pequena burguesia

Cochran, David Carroll, 58n15, 121n19
Cohen, Jean L., 97n2, 101n5, 113n14
Comunidade, 207, 216, 220, 234
Comunitarismo, 208-15; como corretivo, IX-XIII, 224; recorrência do, 206-7, 213, 238
Conflito, 104, 150-1, 171-2, de classe, 154
Congresso das Organizações Industriais (CIO), 195
Conselho Nacional de Relações do Trabalho (NLRB), 114, 141
Constitucionalismo: político, 34-9, 40-1; social, 40
Contrato social, O (Rousseau), 5
Corrupção, 145-6
Coser, Lewis A., 72, 104n8
Cromwell, Oliver, 110

Dahl, Robert A., 36n3
Dangerfield, Rodney, 56
Debate politico, 139, 158
Deliberação, XI-XII, 132-3, 137, 141, 146, 154-9
Democracia deliberativa, 131-2, 152-3, 180
Democracy and Disagreement (Gutmann e Thompson), 133
Democratic Autonomy (Richardson), 133
Denitch, Bogdan, 182n15

Desigualdade, XII, 21, 27, 151-2, 234*n*21; duradoura, 44-7, 58-9, 66; sexual, XV, 50-3; na sociedade internacional, XV, 191-3. *Ver também* Sociedade civil; Associação involuntária; Multiculturalismo
Dewey, John, 231-5, 237
Dinheiro, 39, 58-61, 118-9, 145
Direitos, 23, 66, 72-3, 209-10; e cidadania, 13, 89, 125; culturais, 66-7, 89; de afastamento, 16-8, 73, 76, 110-1
Discurso ideal, 131, 132*n*1, 180
Discursos (Maquiavel), 177
Divórcio, 19, 29, 217
Donne, John, 169-70, 189

Educação, 68-9, 78; para a cidadania, 74 e *n*5, 81; e coerção, 25, 81-2, 87; política, 134-5. *Ver também* Escolas
Eleições, 36-4, 124, 142-4
Elshtain, Jean Bethke, 50*n*11
Elster, Jon, 56, 181*n*14
Emancipação, 47-8, 80, 189, 195, 203; e negros americanos, 121; modelo de, 43-4, 58, 61; e mulheres, 51-2
Emerson, Ralph Waldo, 172

Empresas que só contratam trabalhadores sindicalizados, 14-5, 14*n*9
Engels, Friedrich, 172
Englehart, Neil, 195*n*3
Entusiasmo, 168-9, 169*n*4, 172-3, 178
Escolas, 25, 54, 89, 103; currículo das, 69, 76, 86; religiosas, 69, 86, 91
Estado, 91-2, 197-203, 226-31; e sociedade civil, 106-27; neutralidade do, 67, 227, 233; totalitário, 75
Eu, 183*n*17, 235-6; formação do, 24-7; transgressor, 223
Everard, Robert, 110-1, 223*n*13

Família, 6, 12, 51, 95, 95-6*n*1, 216-7
Federalist, The, 33
Fetscher, Iring, 23
Fidelidade, 20, 70-1, 110, 199
"First Anniversary" (Donne), 169-70
Fishkin, James, 158
Fortalecimento, 49, 61, 79, 189, 202-3; e negros americanos, 58, 121-3; modelo de, 58, 61
França, 47-9, 71

Galbraith, John Kennegh, 39*n*5
Governo, 38, 147-8, 153-4
Greedy Institutions (Coser), 72
Greenpeace, 194

Grupos, 95-101; dominantes, 107-8, 129; vo razes, 72, 88, 100, 124; desigualdade nos, 124-5; marginais, 40, 60; estigmatizados, 45-6, 54, 115; totalizantes, 72-82, 90, 92, 104-5, mais fracos, 120
Gutmann, Amy, 133, 141, 74n5, 88n8

Habermas, Jürgen, 132n1, 140n3
Habits of the Heart (Robert Bellah et al.), 213-4
Halbertal, Moshe, 88n8
Hamlet, 148
Hirschman, Albert, 110, 176-9
Hirschmann, Nancy, 20
História da Inglaterra (Hume), 169
Hobbes, Thomas, 162, 210n3, 213-4
Human Rights Watch, 194
Hume, David, 169 e n4, 179n12

Igualdade, 28, 41, 190; complexa, 234n21; sexual, 83, 86; de oportunidade, 82-3. *Ver também* Desigualdade
Índios norte-americanos, 45, 62
Individualismo, X, 94, 192-3, 208-9; pós-moderno, 23-8. *Ver também* Autonomia, Liberalismo, Eu

Interesse, 161, 188; contrastado com a paixão, 178-82; próprio, 179
Internacional Socialista, 99
Irlanda, 164, 175
Isaac (filho de Abraão), 8
Isaac, Jeffrey C., 36n3
Islã, 21, 91, 109
Israel, 73, 90
Ítalo-americanos, 68-72, 196

Johnson, Samuel, 178-9
Judeus, 52-3 , 62, 109, 121
Júri, 141, 143, 149; de cidadãos, 158 e n9. Ver também *Deliberação*

Kahler, Erich, 163
Kallen, Horace, 237
Kateb, George, 24
Keane, John, 113n14, 194n2
King, Martin Luther, Jr., 221
Konrad, George, 128
Koppelman, Andrew, XVn5
Kopstein, Jeffrey, 108n9
Kristeva, Julia, 24
Kuper, Andrew, 203n7
Kymlicka, Will, XIVn3, XV, 67n1, 124n21

Lei Wagner, 14n9, 114, 141, 228-9
Levante da Páscoa, 164
Leviatã (Hobbes), 214
Levy, Jacob T., XIIn2
Liberalism, Community, and Culture (Kymlicka), XV

Liberalismo, 88*n*8, 117, 191-4, 222, 225*n*14; como antídoto, IX-X; e sociedade civil, 100-6; e igualdade, XII-XIII, e individualismo, 4-5, 30, 40, 209; teoria política do, 208-15

Liberdade, 23-9, 95-103, 111-2, 127-8. *Ver também* Voluntarismo

Libertação nacional, 46-9, 189, 195

Liga Antidifamação, 97

Lindsay, A. D., 8*n*4, 103*n*6

Lobby, prática do, 142

Locke, John, 222

Lomasky, Loren, 97*n*2, 112*n*12, 117*n*17

Loury, Glenn C., 45*n*8

Lukes, Steven, 36*n*3

Lumpemproletariado, 181

Luteranos, 121

Macedo, Stephen, 88*n*8, 113*n*13

MacIntyre, Alasdair, 209-10, 221

Manifestação política, 137-8

Manifesto político, 136

Mansbridge, Jane J., 52*n*12

Maquiavel, Nicolau, 177

Margalit, Avishai, 88*n*8

Margolis, Diane Rothbard, 183*n*17

Marx, Karl, 51, 107, 171, 181, 209

Marxismo, 22, 40-1, 45, 54, 151, 181, 209, 214

McCarthy, Joseph, 163

Médicos sem Fronteiras, 194

Metzgar, Jack, 42*n*6

Mill, John Stuart, 227, 234

Miller, David, 71, 90-1, 169*n*4

Mills, C. Wright, 36*n*3

Mobilidade social, 9, 46. *Ver também* Sociedade civil

Mobilização política, 136-7, 141

Moellendorf, Darrell, 193*n*1

Mulheres, 84, 108, 125, 178; como grupo estigmatizado, 50-3

Multiculturalismo, XIV, 55, 60, 80-1, 94, 203; e igualitarismo, 60, 80; "feijão-com-arroz", XIV, 59, 119-21, 198; e relativismo, 81

Nacionalismo, 161, 174

Negociação, 140-2, 140*n*3, 150-1, 156

Negros americanos, 58, 62, 85, 121

Nietzsche, Friedrich, 171

Oakeshott, Michael, 224

Okin, Susan Moller, XV, 4*n*1, 50*n*11, 82*n*6, 113*n*13

Organização Mundial do Comércio (OMC), 194

Organização Nacional das Mulheres (NOW), 97

Organização política, 43, 135, 141
Oxfam, 194

Paixões, 144, 162, 168; de filiação, 182, 185, 189, 226; benevolentes, 179*n*12; combativas, 182, 185, 189; em contraste com as convicções, 163-76, 188; em contraste com os interesses, 178-82, 188; em contraste com a razão, 184
Partido Comunista, 72
Passions and the Interests, The (Hirschmann), 176
Pateman, Carole, 113*n*14
Pequena burguesia, 167, 181
Peregrino, O (Bunyan), 8-9
Permanence of the Political, The (Schwartz), 153
Phillips, Anne, 82*n*6, 95*n*1, 113*n*14
Platão, 177-8
Pluralismo, 123*n*20; na sociedade civil, 98, 105-8, 123; na sociedade internacional, 199, 203
Poder, 33, 49, 119; disputa pelo, 186-7; compensatório, 39-41, 194-5; limites liberais a respeito do, 33-6; visão radical do, 38-9. *Ver também* Emancipação; Fortalecimento
Pogge, Thomas, 193*n*1, 202*n*6

Política de identidade, 29-30, 55, 116-7, 161
Política: aversão pela, 154, 172; riscos da, 172-4
Presbiterianos, 121
Projeto de vida, 24, 77, 88
Public and Its Problems, The (Dewey), 231-2

Quatro Mobilidades, 215-21, 226-7, 236-7
Quebec, 84

Rawls, John, 123 e *n*20, 149*n*5, 193*n*1, 203*n*7, 222, 225, 233, 237
Raz, Joseph, 228*n*17
Razão, 170-4, 189
Reconhecimento, 55-6, 80, 198; política do, 116
Relativismo, 81
Religião, 6-8, 58, 181; fundamentalista, 65-6, 73-4, 92, 161
Reprodução cultural. *Ver* Reprodução social
Reprodução social, 6-7, 55, 69, 73, 79, 134
Richardson, Henry, 133
Rorty, Richard, 212*n*6, 214*n*8
Rosenberg, Harold, 26
Rosenblum, Nancy L., XII*n*2
Rousseau, Jean-Jacques, 5, 16-8, 35, 42, 90 e *n*9, 171, 234

Saída, 4*n*1, 16-9, 73, 110
Sandel, Michael, 121, 232*n*22

Cromosete
Gráfica e editora Ltda.

Impressão e acabamento
Rua Uhland, 307 - Vila Ema
03283-000 - São Paulo - SP
Tel/Fax: (011) 6104-1176
Email: adm@cromosete.com.br

Sartre, Jean-Paul, 99 e *n*3, 187, 210 e *n*3
Schmidt, Carl, 149
Schumpeter, Joseph, 176-7, 184
Schwartz, Joseph, 153-4
"Segunda vinda, A" (Yeats), 163-70
Seitas pentecostais, 73
Seligman, Adam, 99*n*3, 113*n*14
"Series". *Ver* Sartre, Jean-Paul
Schlesinger, Arthur M., Jr., 62*n*16
Serviços de previdência social, 58, 120, 125, 228-30
Shachar, Ayelet, XV*n*5
Shakespeare, William, 148
Sierra Club, 194
Silone, Ignazio, 187
Sindicatos, 22, 40-3, 96, 122, 194-5, 228-9
Sociedade civil, 233; conflito na, 104-5, 115; definição de, 96; base econômica da, 118-9; exclusão da, 114-5; desigualdade na, 108-9, 113-9, 122-7; visão instrumental da, 103-4, 103*n*6; internacional, 194-5; e liberalismo, 98, 101-6; e mobilidade, 108-9; pluralismo da, 98, 101-2, 105, 123; teoria social-democrata da, 127-8; Estado na, 106-13, 117-20, 125-9

Sociedade internacional, XV, 191, 193, 200-3. *Ver também* Sociedade Civil
Spinner-Haley, Jeff, XII*n*2
Suborno, 39, 145-6
Sufrágio, 6, 143-4, 218-21; em bloco, 63, 85

Tamir, Yael, 85*n*7
Taylor, Charles, 67*n*1, 115*n*15
Terrorismo, 171, 192
Thompson, Dennis, 133, 141
Tilly, Charles, 44
Tocqueville, Alexis de, 180, 183
Tolerância, 78, 87; na sociedade civil, 103, 105
Trabalho subalterno, 146-7, 157
Tribos aborígines, 73
Tribunais, 132, 142

Unger, Roberto, 223
União Americana pelas Liberdades Civis, 194

Verba, Sydney, 104*n*7
Voluntarismo, 4, 30, 98, 108

Wapner, Paul, 194*n*2
White, Stuart, 14*n*9
Winters, Yvor, 164-5
Wrong, Dennis H., 36*n*3

Yeats, William Butler, 163-70, 174-6, 187, 189
Young, Iris Marion, 186*n*16, 198*n*5